Michael Elsässer

Ulf G. Stuberger

(Herausgeber)

Ihr Lachen klingt wie Weinen

Vielen Dank für Eure
Tolle Unterstützung!

Michael

One Love

Michael Elsässer & Ulf G. Stuberger
(Hrsg.)

Ihr Lachen klingt wie Weinen

Berichte von Kindersoldaten aus Uganda

Shaker Media

Bibliografische Information der Deutschen Nationalbibliothek
Die Deutsche Nationalbibliothek verzeichnet diese Publikation in der Deutschen Nationalbibliografie; detaillierte bibliografische Daten sind im Internet über http://dnb.d-nb.de abrufbar.

Printed in Germany.

ISBN 978-3-86858-817-0

Shaker Media GmbH • Postfach 101818 • 52018 Aachen
Telefon: 02407 / 95964 - 0 • Telefax: 02407 / 95964 - 9
Internet: www.shaker-media.de • E-Mail: info@shaker-media.de

Inhalt

Es gibt nichts Gutes.

"Es gibt nichts Gutes. Außer man tut es" - diese Redewendung von Erich Kästner fiel mir im Sommer 2008 bei einem Spaziergang zu einem kleinen Dorf im Osten von Uganda ein.

Dort verbergen sich in jeder Hütte Schicksale, die dich zum Weinen bringen. Keine Elektrizität und kein fließendes Wasser sind dort Alltag. Oft reicht es nur für eine bescheidene Mahlzeit am Tag. Überall zahlreiche Kinder, die dich mit ihren großen unschuldigen Augen neugierig anblicken. Immer wieder spiegelt sich Hoffnungslosigkeit in den Gesichtern der Erwachsenen wieder, aber ihre Augen strahlen dabei dich freundlich an. Keine noch so große Armut kann dort den Respekt vor dem Mitmenschen verdrängen. Der Unterschied zu meiner Heimat erschien mir so groß, wie die Differenz zwischen den HIV-Raten von Deutschland und Uganda.

In meinem ersten Hilfsprojekt wurden im Folgejahr aidskranke Menschen in der Nähe der Stadt Mbale in Form von Medikamenten, Matratzen, Decken und Nähmaschinen unterstützt. Im selben Jahr führte mich eine weitere Reise in den Norden des Landes Uganda. Galten bisher für mich die aidskranken Menschen innerhalb der Bevölkerung von Uganda als die ärmsten der Armen, traf ich dort in der Region Lira auf eine andere Dimension des Schicksals: Sophia Auma.

Die Rebellen der Lord´s Resistance Army von Joseph Kony hatten ihr mit drei Rasierklingen die Ohren und ihre Lippen abgeschnitten, nachdem sie vorher ihren Mann mit Steinen erschlagen hatten. Seit 1988 wurden in Norduganda Zehntausende Kinder von der LRA entführt und zu Kindersoldaten ausgebildet oder als Lastenträger und Sexsklaven missbraucht. Ihr Anführer Joseph Kony wird seit 2005 vom Internationalen Strafgerichtshof in Den Haag per Haftbefehl gesucht. Ihm werden in 33 Punkten Verbrechen gegen die Menschlichkeit und Kriegsverbrechen vorgeworfen.

Sophia Auma ist eine gläubige Christin. Sie sitzt vor ihrer kleinen Lehmhütte mit einer Plastikplane als Dach neben mir auf der Erde und erzählt ihre Geschichte. Sie ist eine lebendige Zeitzeugin eines Konfliktes, den die Welt nicht interessiert und dessen Schicksale trotzdem nicht vergessen werden dürfen. Sie erzählt von ihren täglichen Gebeten, in denen sie für ein Ende des Hasses in Uganda bittet. Sie hat ihren Peinigern vergeben. Mein tiefster Respekt gilt ihrer Person.

Einige Tage später lernte ich Alberto Eisman, den Direktor der Radiostation des Radio WA (in der Regionalsprache Luo "Unser Radio") in Lira kennen. Im Norden von Uganda, wo es fast keine Zeitungen und Fernseher gibt, finden sich aber fast überall kleine Transistorradios. In seinem folgenden Bericht schildert Alberto Eisman Torres, wie durch das Radio WA über 1500 Kindersoldaten dazu gebracht wurden, der Armee von Joseph Kony zu entfliehen. Im Norden von Uganda sind die Wunden der LRA immer noch allgegenwärtig. Jeder Bewohner kann dort seine eigene traurige Geschichte dazu erzählen. Zurückgekehrte Kindersoldaten, traumatisiert von schmerzlichen Erinnerungen an oft grausame Taten während ihrer Zeiten bei den Rebellen, und ihre Opfer, das sind die unglaublichsten Schicksale in Uganda.

Mit diesem Buch soll auf das vergessene Schicksal dieser Menschen in Uganda aufmerksam gemacht werden. Mit dem Erlös aus dem Verkauf des Buches soll der oft herrschende Fatalismus dieser Menschen beendet werden. In Form von Schulausbildungen und der Schaffung von Ausbildungsplätzen soll den Ungehörten wieder eine Perspektive aufgezeigt werden.

Michael Elsässer

Eine mächtige Waffe

Statistiken von Menschenrechtsorganisationen belegen, dass mehr als achtzigtausend Menschen von der LRA entführt wurden. Viele Kinder waren jahrelang als Soldaten oder Sexsklaven im Busch gefangen. Durch schreckliche Zeremonien wurden sie an einer Flucht gehindert: Alle Kinder aus demselben Dorf mussten sich versammeln. Dann wurde eines gezwungen, ein anderes zu ermorden. Dadurch wurde eine tiefe Narbe in die Herzen dieser Kinder gerissen. Die schmerzliche Erkenntnis, dass sie nach der grausamen Tat niemals wieder in ihrem Dorf willkommen waren, hinderte sie, zu fliehen. Niemals würden sie den Eltern des von ihnen ermordeten Kindes wieder in die Augen schauen können. Sie resignierten und ergaben sich fatalistisch ihrem Schicksal. Es wurde bekannt, dass einige ein kleines Transistorradio besaßen, das sie heimlich nutzten. Radio WA entschied, eine Sendung mit dem Namen "Karibu" ("Willkommen") auszustrahlen. Die wurde meistens von dem sehr populären und inzwischen leider gestorbenen Moderator JJ Kakaba präsentiert. Sie diente der Wiederherstellung der Verbindung zu den Herzen der entführten Kinder. Verwandte und Freunde konnten Botschaften an sie senden. Dadurch sollten sie erfahren, dass ihre Familien ihnen verziehen, sie trotzdem liebten und vermissten. Auch geflüchtete Kindersoldaten erzählten ihre Geschichte. Wir wussten, dass die Entführten zu ihren Taten gezwungen worden waren. Sie sollten erfahren, dass ihnen vergeben wurde und sie in ihren Heimatdörfern willkommen waren. Über die Möglichkeit von Unterstützung durch humanitäre Organisationen wurde berichtet, die eine Wiedereingliederung in die Schule ermöglichen könnten. Nachdem die Adressaten der Sendung die Stimmen ihrer Verwandten gehört hatten, wurden viele trotz der Gefahren ermutigt, zu fliehen. Berichte über Rückkehrer beherrschten in jenen Tagen die Schlagzeilen. Uns Mitarbeitern von Radio WA wurde die Wirksamkeit der Sendung klar, als im September zweitausend LRA-Rebellen unsere Räume in Ngetta überfielen. Mit Handgranaten wurden Studios und Ausrüstung völlig zerstört. JJ Kakaba gelang es, zu fliehen. Glücklicherweise wurde niemand verletzt oder getötet. Der materielle Schaden betrug über 60.000 US-Dollar. Wir erhielten danach viel Unterstützung und konnten bereits sechs Monate nach dem Überfall von einem neuen Standort aus wieder auf Sendung gehen. Als im Jahr 2006 Friedensgespräche in Juba im Sudan zwischen Regierungsvertretern und der LRA stattfanden, war eine der Forderungen der Rebellendelegation, die Sendungen des "Karibu"-Programmes sofort zu beenden. Das war ein deutliches Zeichen dafür, dass wir Wirkung erzeugt hatten. Aber erst 2009 konnten wir die positiven Auswirkungen des Programms wirklich erkennen. In Befragungen hatten über tausendfünfhundert Kinder gesagt, dass "Karibu" ihnen Mut und Kraft zur Flucht gegeben habe. Für uns gibt es keinen schöneren Lohn.

Radio WA sendet heute in Frieden und Stabilität.

Trotz des massiven Leids und der Schmerzen, die den unschuldigen Bewohnern in Norduganda in den vergangenen Jahren zugefügt wurden, haben viele Menschen die IDP-Camps verlassen, um ihren zivilen Kampf zum Überleben und für eine bessere Zukunft zu führen.

Es ist relativ einfach für einen Radiosender, in friedlichen und sicheren Zeiten wirkungsvoll zu arbeiten. Wir sind stolz darauf, auch in schwierigsten Situationen während der Rebellenübergriffe den Bewohnern der Region Lango einen Dienst erwiesen zu haben. Trotz unserer begrenzten technischen Möglichkeiten wurde unser Radio für viele Menschen ein Leuchtturm der Hoffnung und Zuversicht.

Unseren Leitspruch haben wir aus dem Evangelium des Matthäus entnommen: "Selig sind die Friedfertigen".

Alberto Eisman Torres
Direktor Radio WA
www.radiowa.org

Täteropfer

Seit etwa drei Stunden fahren wir in unserem klapprigen Mercedes auf der durchlöcherten Asphaltstraße. Die Familie meines Freundes wartet aufgeregt auf mich, den Besuch aus Deutschland, hat er mir berichtet. Wir reden darüber, wie ich mich in der mir fremden Kultur verhalten soll. Ich möchte keinen Fehler begehen und wieder unabsichtlich in einen Fettnapf treten wie beim letzten Mal, vor zwei Jahren, als ich meinen Teller brav leer gegessen hatte, obwohl mein Bauch schon spannte. Später erfuhr ich, dass man immer einen kleinen Rest übrig lassen soll. Ein leerer Teller wird dort als Zeichen für Hunger gewertet und die Gastgeber mühen sich dann ab, nachzuschöpfen oder sogar neu zu kochen für den Gast, wenn dieser alles aufisst ...

Die Fahrt macht mich müde. Ich bin es nicht gewohnt, als Beifahrer untätig herum zu sitzen und nur in die trockene Landschaft zu schauen, die uns umgibt. Plötzlich holt mich mein Freund aus meinen Gedanken in die Wirklichkeit zurück. "Da vorne ist eine Straßensperre. Bleib ruhig." Wir fahren langsam heran. Ein paar Figuren in Zivilkleidung sind schwer bewaffnet - Kriminelle? Oder sind das Rebellen? Vielleicht verkörpern sie doch die Staatsmacht? Wer weiß das schon, kann das erkennen in diesen Zeiten, eine Periode zwischen Krieg und Frieden. Sehnsüchtig denke ich oft an die gut erkennbaren Strukturen öffentlicher Macht, an Uniformen in Deutschland, die ich dort überhaupt nicht gemocht habe und lerne, deren Wert zu schätzen.

Wir halten vor den Steinbrocken, die auf die Straße gelegt wurden. "Dreh Deine Seitenscheibe runter", fordert mich mein Freund auf. Er hat das schon gemacht. Seine beiden Hände umklammern das Lenkrad demonstrativ im oberen Drittel, damit "die Jungs", wie er die Bewaffneten oft nennt, erkennen können, dass er nicht nach einer Waffe greift. Ich folge dem Beispiel, indem ich meine Hände auf das Armaturenbrett vor mich lege. Durchs Beifahrerfenster schiebt sich die Mündung eines Schnellfeuergewehres, auf meinen Kopf zielend. Starr vor Schreck bewege ich mich nicht, obwohl innerlich vor Angst zitternd. Mein Freund spricht ebenfalls angesichts einer Gewehrmündung mit einem Bewaffneten auf seiner Seite in seiner Muttersprache, die ich nur äußerst bruchstückhaft verstehe. Schließlich nimmt er die rechte Hand vom Lenkrad, führt sie an den Schaltknüppel und wir rollen langsam weiter. Erleichtert nehme ich meine Hände zu mir. Die Gesichter der Bewaffneten haben mich überrascht: Das waren noch Kinder! Die spielten mit echten Waffen Krieg oder Revolution. Wie leicht hätte ein Abzug betätigt werden können. Ich verstand den dringenden Rat meines Freundes zur Vorsicht. Meine Gedanken schwirrten durcheinander.

Plötzlich hörte ich einen infernalischen Knall, dem weitere folgten. In derselben Sekunde brüllte mein Freund: "Nicht umdrehen. Schau nach vorne! Nur nach vorne, Mensch! Nicht umdrehen!" und fuhr langsam weiter, ebenfalls stur nach vorne blickend.

Ich folgte dem Befehl meines Fahrers, völlig verwirrt und vor Schreck wie in Trance handelnd. Nach einigen Hundert Metern beschleunigte mein Freund den Wagen, atmete tief durch und erklärte mir: "Wenn wir zurückgeschaut hätten, hätten die gedacht, wir gehören zu denen hinter uns und auch auf uns geschossen."

Das war mein Erlebnis mit Kindersoldaten. Bis heute weiß ich nicht, was hinter uns geschehen ist, befürchte aber das Schlimmste. Ereignet hat sich das nicht in Afrika, sondern im Iran in der Übergangszeit von der Diktatur des Schah Rheza Pahlewi zur Herrschaft von Khomeini. Auch darum ärgert es mich bis heute, wenn in deutschen Zeitungen immer wieder einmal die Formulierung zu lesen ist: "Afrika - Kontinent der Kindersoldaten". Ich weiß aus eigener Erfahrung, dass das kein afrikanisches Problem ist. In Namibia, wo ich viele Jahre gelebt habe, gab und gibt es keine Kindersoldaten.

Sie gab es bei uns in Europa schon im Mittelalter - als Knappen. Die "Pimpfe" während der Nazibarbarei sind alten Mitbürgern noch in Erinnerung. In Deutschland wurden allen internationalen Vereinbarungen zum Trotz noch vor wenigen Jahren Minderjährige in die Bundeswehr aufgenommen. In Asien und Lateinamerika "dienen" Kinder heute noch als Soldaten. Im Zentrum öffentlicher Beachtung allerdings stehen fast nur jene Kinder, die von Rebellen in Afrika entführt und dazu gezwungen werden, andere Menschen bestialisch zu ermorden. So auch in diesem Buch. Das ist vor allem darin begründet, dass der christianistische Rebellenführer Joseph Kony, ein vermutlich wahnsinniger Psychopath, wie europäische Wissenschaftler in Ferndiagnose feststellten, es zum höchst zweifelhaften Ruhm gebracht hat, die meisten Kinder entführen und zu menschenverachtenden Bestien hat drillen zu lassen.

Wenn man die folgenden Berichte liest, sollte man dennoch nicht vergessen, dass auch amtliche Streitkräfte in vielen Staaten der Welt Kinder aufnehmen. Dazu gehören viele, von denen wir es kaum annehmen würden, wie Australien, Belgien, Finnland, Frankreich, Großbritannien, Indien, Irland, Israel, Italien, Japan, Kanada, Luxemburg, Mexiko, die Niederlande, Norwegen, Österreich, Portugal, Schweden, die Schweiz, Südafrika, die Türkei und die USA, wenn man, wie es von der UNO definiert ist, Jugendliche unter 18 Jahren als "Kinder" bezeichnet[1]. Selbstverständlich werden in den genannten Staaten weder Kinder entführt, noch auf andere Weise dazu gezwungen, in den staatlichen Armeen zu dienen. Die Liste mag dennoch verdeutlichen, wie vielschichtig das Problem von Kindersoldaten ist. In diesem Buch beschränken wir uns auf die derzeit wohl menschenverachtendste Praxis der Rebellengruppe Konys, der weltweit per Haftbefehl gesucht wird und als Verbrecher vor dem Internationalen Gerichtshof angeklagt werden soll.

In Deutschland gibt es seit 2002 das Völkerstrafgesetzbuch. Das ist eine einzigartige Rechtsbe-

---

[1] Die Liste ist einer Aufstellung der schwedischen Kinderschutzorganisation Rädda Barnen entnommen, die zuletzt im Juni 1999 aktualisiert wurde, siehe http://www.savethechildren.se.

stimmung, die für die Welt beispielhaft sein kann, wohl auch in Erinnerung an die Nazibarbarei geschaffen. Es gibt dem Generalbundesanwalt als oberstem deutschen Ankläger die Möglichkeit, Verfahren auch gegen Ausländer hier vor ein deutsches Gericht zu bringen, selbst wenn deren Verbrechen gegen die Menschlichkeit weder in Deutschland begangen wurden, noch eine wie auch immer geartete Verbindung zu unserem Staat haben. Voraussetzung ist allerdings, dass im Heimatland der Täter - oder durch den Internationalen Strafgerichtshof - eine strafrechtliche Verfolgung nicht stattfindet.

Erste Anträge auf Einleitung von Ermittlungsverfahren sind durch Bürgerrechtsgruppen gegen den US-Präsidenten Bush und einige seiner Minister im Zusammenhang mit Folterungen im höchst umstrittenen Gefangenenlager Guantanamo gestellt worden. Denn die USA haben es bis heute strikt abgelehnt, den Internationalen Strafgerichtshof auch für ihre Bürger als zuständig anzuerkennen. Dennoch lehnte der Generalbundesanwalt die Anträge auf Einleitung von Ermittlungsverfahren gegen zur Tatzeit amtierende US-Politiker mit der formellen Begründung ab, dass eine Strafverfolgung in den USA durchaus möglich sei. Dazu muss man wissen, dass der Generalbundesanwalt kein unabhängiges Organ der Rechtspflege ist, sondern eine Schaltstelle zwischen den Staatsgewalten Regierung und Justiz. Er ist als politischer Beamter abhängig und muss den Weisungen der mit der US-Regierung befreundeten Bundesregierung Folge leisten - ein Schelm, wer Böses dabei denkt.

Einige Jahre später wurden dennoch die ersten Anklagen in Deutschland nach dem Völkerstrafgesetzbuch erhoben - gegen Afrikaner. Wegen Massakern in Ruanda mussten sich einige mutmaßliche Anführer solcher Verbrechen vor Gerichten in Frankfurt am Main und Stuttgart verantworten, obwohl das auch vom Internationalen Strafgerichtshof hätte geahndet werden können. Das bedeutet: Auch Kony könnte hierzulande vor Gericht gestellt werden, wenn man seiner habhaft würde.

Kindersoldaten schaffen ein vielschichtiges juristisches Problem, das eng verzahnt ist mit moralischen und ethischen Fragen. Einerseits sind sie meist Opfer von Entführungen und anderen Verbrechen, unter denen sie zu leiden haben. Sie werden mit Schlägen, Folterungen und anderen "Bestrafungen" dazu gezwungen, ihren Peinigern auf verschiedene Weise zu "dienen". Ihnen wird ständig mit willkürlicher Ermordung oder Verstümmelung auf eine nicht selten so bestialische Weise gedroht, wie wir es uns in Deutschland kaum vorstellen können. Unter diesem Druck allerdings werden sie auch zu Tätern, schänden, verstümmeln und ermorden andere Menschen.

In unserem demokratischen Rechtssystem gibt es den Begriff "Täteropfer" nicht, der inzwischen häufig für Kindersoldaten benutzt wird. Die Abgrenzung zwischen Täter und Opfer fällt auch heute noch Juristen gelegentlich schwer. Der Staat und seine ausführenden Beamten werden schließlich selbst zu Tätern, wenn sie zum Beispiel eine Freiheitsstrafe gegen einen straffällig gewordenen Bürger vollstrecken. Dazu sind sie selbstverständlich berechtigt. Daraus kann man schließen, dass es berechtigte und unberechtigte Täter gibt. Wer zu welchen Handlungen berechtigt ist, hängt von dem herrschenden Gesetz ab. Das ändert sich ständig und ist eng verknüpft mit der Kultur der jeweiligen Gesellschaft in einer bestimmten Zeitspanne, also keineswegs starr auf ewige Zeitgeltung hin definiert. In unserer deutschen Geschichte haben wir erst im vergangenen Jahrhundert zwei Mal erlebt, wie Recht zu Unrecht geworden ist: nach der Nazibarbarei und dem Zusammenschluss der beiden deutschen Staaten. Die damit verbundenen Bewertungen dessen, was spätere Täter zu Zeiten getan haben, als ihr Handeln Recht war, ist der Justiz schwergefallen und viele Fragen sind bis heute ungeklärt, werden es wohl auch immer bleiben. Auch international haben wir viele solche Entwicklungen erlebt: Wer gestern noch politisch als "Terrorist" gebrandmarkt wurde, konnte kurz darauf als Regierungschef mit militärischen Ehren und einem Gang über den roten Teppich in Deutschland empfangen werden. Umgekehrt war das ebenso der Fall, wie Mohammar Ghaddafi deutlich macht, um nur eines von vielen Beispielen zu nennen.

Diese Erinnerungen machen deutlich, dass die Eigenschaft, Täter oder Opfer zu sein, keinen klaren Grenzen unterliegt. Etwa achtzig Prozent der in Deutschland verurteilten Vergewaltiger sollen in ihrer Kindheit und Jugend selbst Opfer von Vergewaltigungen gewesen sein. Die Malerin Irene von Neuendorff hat Bilder zum Thema "Täteropfer" präsentiert. Auf einem stellt sie den irakischen Herrscher Saddam Hussein dar zum Zeitpunkt, wie er nach seiner Gefangennahme in einem Erdloch mit einem Wattestäbchen im Rahmen einer erkennungsdienstlichen Behandlung zur Abgabe einer Speichelprobe gezwungen wird.[2] Folgt man der dahinter stehenden Überlegung, stellt sich die provozierende Frage: Ist selbst Kony ein Täteropfer?

Möglicherweise würde er nach einem Prozess vor einem deutschen Gericht infolge entsprechender Gutachten in eine geschlossene psychiatrische Anstalt eingewiesen, statt mit Haft bestraft. Oder ist Kony kein Mensch? Hat er die Menschenwürde verwirkt? Das gibt es in demokratischen Staaten nicht. Er hat Anspruch auf ein faires Gerichtsverfahren, wie auch Osama Bin Laden es gehabt hätte und Adolf Hitler nicht minder. Das entspricht nicht nur unserem derzeitigen Recht, sondern auch der christlich geprägten Moral, die es gestaltet hat, und zwar unabhängig von Schuldeingeständnis und Reue.

Beides ist in Bezug auf Kindersoldaten nicht zwingend erforderlich, um ihnen moralisch trotz ihrer unvorstellbar grausamen Verbrechen gleichzeitig den Status eines Opfers zubilligen zu können. In jedem Einzelfall müsste geklärt werden, ob sie "Herr ihrer Sinne" gewesen sind, sich zum Tatzeitpunkt des Unrechts ihres Tuns bewusst waren. Danach könnte rechtlich beurteilt werden, ob sie verurteilt werden (müssen). Einerseits haben sie Menschen getötet. Andererseits waren sie selbst damit bedroht

[2] Siehe http://www.irenevonneuendorff.de

worden, getötet zu werden, wurden also zu ihren eigenen Taten genötigt. Im deutschen Strafgesetzbuch können Taten dann unbestraft bleiben, wenn sie entschuldigt oder gerechtfertigt werden können oder in einem Notstand innerer Zerrissenheit begangen wurden. Die Abklärung ist äußerst schwierig und nur im Einzelfall möglich.

Ein rechtfertigender Notstand wird in der Regel bei Soldaten angenommen, die einen Befehl ausführen. Da die Kinder aber keine Soldaten einer regulären Armee waren und sind, dürfte diese Bestimmung nicht anwendbar sein - es sei denn, zu einem späteren Zeitpunkt würde die Rebellengruppe nachträglich als Armee anerkannt werden, was in der Geschichte durchaus vorgekommen ist. Allerdings darf die begangene Tat, zu der jemand genötigt wurde, nur die Ultima Ratio sein, das heißt die letzte unausweichliche und einzige Lösung des Konfliktes. Außerdem gibt es den Begriff des Exzesses in diesem Zusammenhang. Wird jemand unter Androhung seines eigenen Todes dazu genötigt, einen anderen zu töten, kann das nur dann als ein entschuldigender Notstand angesehen werden, wenn er den anderen Menschen erstens unbedingt töten musste und zweitens nicht zusätzlich gequält hat. Die genauen Abläufe einzelner Taten der Kinder aber müssten vor Gericht durch Zeugen und Indizien zweifelsfrei bewiesen werden, damit eine Verurteilung ausgesprochen werden kann. Wenn die verhandelnden Richter Zweifel haben, ist ein Freispruch die Folge. Auch würde sich immer die Frage stellen, ob es mit der allgemeinen Menschenwürde vereinbar ist, von einem entschuldigenden Notstand auszugehen, wenn ein Kind einen anderen Menschen auf besonders brutale Weise getötet hat, um sein eigenes Leben zu retten. Vorab muss die Frage geklärt werden, ob das Kind überhaupt strafrechtlich schuldfähig gewesen ist. In Deutschland spielt auch das Alter eine Rolle und zusätzlich ist die Frage zu klären, ob das Kind bei Ausführung seiner Tat an einer tief greifenden Bewusstseinsstörung litt. Dafür spricht wohl einiges in den meisten Fällen.

Eine der vornehmsten Aufgaben der Gerichte ist es, den Rechtsfrieden wiederherzustellen. Dazu gehört es, Opfern eine gewisse Genugtuung zu verschaffen. Aus der Sicht der Kindersoldaten bedeutet das, Kony und seine willfährigen Schergen als Täter zu verurteilen. Aus der Sicht der Opfer von Kindersoldaten bedeutet es, diese zu verurteilen.

Diese Betrachtung macht deutlich, wie wenig sinnvoll Haftstrafen sein können, wenn sie nicht generell sinnlos sind.

Aus dem rechtlichen Dilemma hat man in Südafrika einen alle Betroffenen und Beteiligten befriedenden Ausweg gefunden, die Einrichtung von Wahrheitskommissionen. Nach der Zerschlagung des von Weißen errichteten rassistischen Unterdrückungsregimes der Apartheidregierung wurden von den neuen Machthabern die Täter und Opfer dazu aufgerufen, sich öffentlich zu den Verbrechen zu äußern, die begangen worden sind. Was hier in Deutschland leider nicht weitverbreitet bekannt ist: Nur jene Täter blieben unbestraft, die sämtliche Taten und ihre persönlichen Beiträge dazu rücksichtslos offenbart und Reue bekundet haben. Es hat also keine Generalamnestie gegeben. Rassistische Verbrecher, die nicht vor einer versammelten Öffentlichkeit über ihre Taten gesprochen hatten, wurden verfolgt und nach den geltenden Gesetzen bestraft. Wer also geschwiegen hat, wie es in Deutschland die früheren RAF-Terroristen nach dem schlechten Vorbild der Nazis ihrer Vätergeneration halten, wurde verhaftet und bestraft.

In Südafrika wurde durch diesen Ausweg aus dem Täter-Opfer-Dilemma der Rechtsfrieden in Bezug auf die politische Vergangenheit der Apartheid wiederhergestellt. Das wäre ein Muster auch für die juristische Behandlung von Kindersoldaten. In öffentlichen Zusammenkünften könnten sich im Rahmen einer Wahrheitskommission die betreffenden Täteropfer auch vor ihren Opfern und deren Hinterbliebenen zu ihren Taten bekennen und sie bereuen. Das könnte den Rechtsfrieden wiederherstellen. Dieses Buch ist Teil eines Weges in diese Richtung. Kindersoldaten der Kony-Rebellen haben sich dazu bereit erklärt, zu reden. Ihr Mut ist bewundernswert, auch wenn wir ihre Taten, zu denen sie gezwungen wurden, verurteilen.

Übrigens hat es im Iran eine ganz andere Entwicklung gegeben. Die ehemaligen Kindersoldaten tragen inzwischen meist staatliche Uniformen, ihre Taten wurden im Nachhinein sanktioniert. Beispielhaft kann ich diesen Weg nicht nennen.

Ulf G. Stuberger

Grußwort

„Tukolere Wamu" Gemeinsam für eine Welt e.V. wurde 1995 von ehemaligen Entwicklungshelfern und Afrikafreunden gegründet. Der Verein arbeitet in Uganda, der DR Kongo, im Südsudan und in Burundi. „Tukolere Wamu" heißt auf Luganda, „lasst uns gemeinsam arbeiten". Die meisten Gründungsmitglieder waren selbst über mehrere Jahre in Uganda tätig. Durch die Zusammenarbeit mit den Menschen Vorort war zu erkennen, dass man gemeinsam in der Lage ist, etwas an einer scheinbar aussichtslosen Situation zu verändern. Zur Umsetzung der Vereinsziele werden drei Wege gegangen. Die Übernahme von Ausbildungskosten und die Förderung von Schulen, die Unterstützung der örtlichen Gesundheitsarbeit sowie die Förderung von Einkommen schaffenden Maßnahmen. Gruppen, Vereinigungen und Schüler stellen ihre Projektanträge an ein Komitee in Uganda. Die förderungswürdigen Anträge werden vom Vereinsvorstand in Deutschland beschlossen. Die Projektdurchführungen und -abschlüsse unterliegen einer regelmäßigen Überprüfung. So wird sichergestellt, dass die Spenden tatsächlich bei den Menschen ankommen. Durch die ehrenamtliche Arbeit entstehen nur geringe Verwaltungskosten. „Tukolere Wamu" ist es wichtig, bedürftigen Kindern einen Schulabschluss zu ermöglichen. Ausbildungen von Jugendlichen zu Berufen, wie Schreiner, Schneider, aber auch Krankenschwester, Laborant u.a. werden gefördert. Schulen werden gebaut, renoviert oder erweitert. Damit ist es möglich bessere Lern- und Ausbildungsbedingungen für die Schüler zu schaffen. Mit einem guten Bildungsabschluss und der Ausbildung sind die jungen Erwachsenen in der Lage, sich und ihre Familien zu versorgen. Ich wünsche den Herausgebern, dass durch das Buch viele Menschen sensibilisiert werden und den Mut aufbringen, mit kleinen Schritten gemeinsam die Situation der ehemaligen Kindersoldaten in Norduganda zu verbessern.

Gerlinde Brünz

Mundtot

Eine Frau mit grau meliertem Haar liegt auf einem Bett in einer Krankenstation in der Provinz Orientale, in Ngilima, im Nordosten der Demokratischen Republik Kongo. Sie trägt ein blattgrünes Oberteil mit aufgedruckten Blumenornamenten. Ihre Augen sind geschlossen, ihre Unter- und Oberlippen und Teile ihres Unterkiefers wurden mit einem Messer oder einer Machete abgetrennt, sodass ihre Zähne und ihr rosa Zahnfleisch freiliegen. Fast die Hälfte ihres Gesichtes ist damit unwiderruflich verschwunden. Der Schrei, den sie ausgestoßen haben muss, als der Angreifer ihren Mund abtrennte, ist ihr nun ständig ins Gesicht geschrieben. Die Wundränder wurden mit einer riesigen Naht provisorisch verschlossen, sodass die Blutung gestoppt werden konnte. Die Frau ist Kongolesin und wie Hunderte andere ihrer Landsleute ein Opfer der Lord's Resistance Army (LRA), der "Widerstandsarmee Gottes", einer ugandisch stämmigen Rebellenorganisation, die derzeit in der Demokratischen Republik Kongo, der Zentralafrikanischen Republik und im Südsudan Dörfer überfällt, Menschen verstümmelt, mordet, plündert, vergewaltigt sowie Kinder und Erwachsene entführt. Der Angriff, dem die Frau zum Opfer fiel, fand zwischen dem 19. und 21. Dezember 2009 statt. Trotz internationaler Unterstützung im Kampf gegen diese Rebellengruppe ist es den afrikanischen Militärs, die gegen die LRA vorgehen – insbesondere die ugandische und kongolesische Armee - bis dato nicht gelungen, die LRA-Attacken auf die Zivilbevölkerung zu stoppen. Auch wenn seitens der Militärs immer wieder betont wird, dass das Ende der LRA eine Frage der Zeit sei und sich nur noch einige Hundert Rebellen im Busch aufhielten, ist die LRA immer noch eine reale Bedrohung für die Zivilbevölkerung in der gesamten Region.

Um die Hintergründe zu verstehen, muss man einige Jahre in der Geschichte zurückblicken. Ihren Ursprung hat die LRA in Uganda. Dort übernahm die Nationale Widerstandsarmee/Bewegung (NRA/M) angeführt vom derzeitigen Präsidenten Yoweri Museveni im Jahr 1986 die Macht. Bereits kurz danach formierten sich diverse Rebellengruppen aus dem nördlichen Teil des Landes, um gegen Musevenis Herrschaft anzugehen, unter anderem weil sie durch dessen Machtübernahme eine noch stärkere Marginalisierung des Nordens befürchteten (Museveni stammt aus dem südlichen Teil Ugandas). Eine dieser paramilitärischen Gruppen war die Vorgängerorganisation der LRA, das Holy Spirit Movement ("Bewegung des Heiligen Geistes") geführt durch Alice Auma Lakwena, die der Volksgruppe der Acholi angehörte. Ihren Kampf gegen die ugandische Armee (die sich zunächst NRA nannte und später in Uganda People's Defense Force, UPDF, umgetauft wurde) begründete sie auf einer Mischung aus christlicher Ideologie und traditionellen Mythen. Sich selbst bezeichnete Alice Auma als spirituelles Medium, dem die Gründung des Holy Spirit Movement durch höhere Mächte auferlegt worden sei. Militärisch gesehen erzielte die Bewegung kaum bedeutsame Erfolge. Schon 1987 wurde das Holy

Spirit Movement im Kampf mit der NRA vernichtend geschlagen. Die verbleibenden Kämpfer formierten sich unter Führung von Joseph Kony, einem Cousin von Alice Auma, neu und nannten sich fortan Lord's Salvation Army. Erst ab dem Jahr 1992 trat die Gruppe als LRA auf.

In den 90er Jahren war der Konflikt primär auf den Norden Ugandas fokussiert. Insbesondere die Acholiregion entwickelte sich zum Epizentrum der Auseinandersetzungen zwischen der LRA beziehungsweise deren diversen Vorgängergruppen und der ugandischen Armee. Leidtragend war in erster Linie die ugandische Zivilbevölkerung. Tausende Menschen aus der Region wurden durch die LRA entführt, geschändet, verwundet oder ermordet. Die entführten Personen, darunter auch Kinder, wurden entweder als Kämpfer oder als Träger eingesetzt. Fast jeder in der Acholiregion war in der einen oder anderen Weise von der Gewalt betroffen, sei es direkt oder dass die LRA Angriffe auf Verwandte und Freunde begangen hat[3].

Diese Aggressionen gegen die Acholi sind umso erstaunlicher angesichts der Tatsache, dass Joseph Kony selbst aus dieser Region stammt. Er wurde 1961 in Odek in der Nähe von Gulu geboren. Die Schule hat er vorzeitig abgebrochen. Aufgrund seiner christlichen Herkunft war er eine gewisse Zeit Messdiener in seiner Gemeinde. Wie er im Jahr 1987

[3] Atkinson, Ronald R. 2009. From Uganda to the Congo and Beyond: Pursuing the Lord's Resistance Army.

Führer im bewaffneten Aufstand gegen die Regierung Museveni wurde, ist unklar. Laut Erzählungen aus seiner Heimatregion versuchte Kony Kontakt mit Alice Auma aufzunehmen, die ihn aber ablehnte. Erst nach der Niederlage des Holy Spirit Movements tat sich für ihn die Möglichkeit auf, selbst im Rampenlicht zu stehen. Über seine persönlichen Beweggründe für die Aufnahme des bewaffneten Kampfes kann nur spekuliert werden. Wichtige Faktoren waren aber sicherlich seine eingeschränkten Zukunftsperspektiven und der damit verbundene hohe Frustrationsgrad, seine Familienherkunft und enge Bande zum Holy Spirit Movement, durch die er das Erbe der Alice Lakwena antreten konnte, sowie seine ausgeprägten Rhetorikfähigkeiten, durch die er sich als Führer hervorhob. Der Mensch Kony weist bis heute viele Fragen auf. Erwachsene und Kinder, die aus der Gefangenschaft der LRA fliehen konnten, berichten, dass Kony nur ausgewählte Personen in seinen engeren Kreis lässt, darunter viele Familienmitglieder, was dazu führt, dass um ihn herum eine gewisse Mystik entstanden ist. Nur wenige Fotos wurden im Verlauf der Zeit von Kony gemacht. Laut Berichten aus dem Kreis der LRA hat Kony seine eigenen Rituale und sein eigenes Glaubenssystem entwickelt[4]. Die extreme Brutalität, mit der die LRA vorgeht sowie ihre gewalttätige Handschrift, insbesondere das Abschneiden von Mündern, Ohren und

[4] Doom, Ruddy und Koen Vlassenroot. 1999. Kony's Message: A New Koine? The Lord's Resistance Army in Northern Uganda. African Affairs 98: 5-36.

Gliedmaßen, sorgen dafür, dass mit dem Namen LRA Angst und Schrecken verbunden sind. Oft reichen in den betroffenen Gebieten Gerüchte vom Anmarsch der LRA aus, um die Bevölkerung zur Flucht zu bewegen, auch wenn heutzutage die LRA nur in sehr kleinen Gruppen auftritt. Man geht davon aus, dass die LRA heute nicht mehr als 250 – 400 Kämpfer umfasst.

In gleicher Weise wie Konys Beweggründe für den bewaffneten Kampf, ist auch die Ideologie der LRA umstritten und unklar. Laut Aussage Konys kämpft die LRA für den Umsturz der Regierung Musevenis und für die Errichtung eines Gottesstaates auf Grundlage der Zehn Gebote. Angesichts der Verlagerung des Konflikts in die Demokratische Republik Kongo, den Südsudan und die Zentralafrikanische Republik in den vergangenen Jahren erscheint diese Argumentation kaum mehr angemessen. Die LRA hat sich komplett aus Uganda zurückgezogen. Das ideologische Ziel der LRA bleibt im Dunklen, der Selbsterhalt und das ökonomische Überleben der Gruppe stehen im Vordergrund. Diese Entwicklung zeichnete sich schon in den 90er Jahren ab.

Friedensgespräche im Jahr 1994 unter Betty Bigombe, der damaligen Ministerin für den Norden Ugandas, die die Unterstützung der Ältesten unter den Acholi für den Friedensprozess gewinnen konnte, blieben erfolglos. Kony warf stattdessen den Acholi vor, den Krieg nicht zu unterstützen, was zu ausgeprägten Gräueltaten gegen das eigene Volk führte. Durch das Abschneiden von Mündern und Ohren sollten Verräter unter den Acholi bestraft werden und Unterstützer der ugandischen Regierung mundtot gemacht werden. Zu dieser Zeit begann die sudanesische Regierung, die LRA massiv militärisch zu unterstützen. Der Sudan lieferte nicht nur das notwendige Equipment, einschließlich Anti-Personenminen, sondern bildete die LRA auch in Trainingseinrichtungen im südlichen Sudan im Kampf aus. Kony war in jenen Tagen ein gern gesehener Gast in Juba, das durch Khartum besetzt wurde. Hintergrund für die sudanesische Unterstützung der LRA war die Tatsache, dass Uganda wiederum die SPLA/M (die Sudan People's Liberation Army/Movement) aus dem südlichen Sudan unterstützte, die sich im Konflikt mit Khartum befand. Dieser Stellvertreterkrieg führte dazu, dass der LRA-Konflikt eine regionale Dimension annahm und sich auch über die ugandischen Landesgrenzen hinweg ausbreitete.

Uganda wurde es schließlich erlaubt, der LRA und deren Führer auf südsudanesischem Gebiet nachzusetzen. Im Rahmen der Militäroperation „Iron Fist" (übersetzt: Eiserne Faust) im Jahr 2002 wurden mehr als 10.000 ugandische Militärs eingesetzt, um die LRA in ihren Stützpunkten im Südsudan auszumachen und vernichtend zu schlagen. Schon früh nach Beginn der Operation rühmte sich die ugandische Armee mit militärischen Erfolgen, gleichsam gab es in den eigenen Reihen große Verluste zu melden. Obwohl die LRA in der Tat viele Kämpfer verlor, konnte von einer Vernichtung der LRA keine Rede sein. Die LRA antwortete auf die „Eiserne Faust" mit verstärkter Gewalt gegen Zivilisten. In den folgenden zwei Jahren nahmen die Attacken durch die LRA noch nie gesehene Ausmaße an, sie weiteten sich bis auf die an das Acholigebiet angrenzende Teso- und Langoregion in Uganda aus. Trotz der Ausweitung der LRA-Aktivitäten in südöstlichere Gebiete in Uganda und der fortwährenden Präsenz der ugandischen Armee im südlichen Sudan, stellte die LRA dort weiterhin ein schwerwiegendes Sicherheitsproblem dar. Für Khartum waren Konys Kämpfer entscheidende Schlüsselfiguren im Kampf gegen die SPLA/M[5].

In Uganda wurden bis Mitte 2005 und verstärkt nach der Operation „Eiserne Faust" fast zwei Millionen Menschen aus ihren Heimatorten in Camps für intern Vertriebene durch die ugandische Regierung zwangsumgesiedelt. Das betraf alle Regionen in Norduganda, Acholi, Teso, Lango, besonders die Acholiregion, wo fast neunzig Prozent der Bevölkerung in Lager umgesiedelt wurden. Aus Sicht der ugandischen Regierung dienten die Camps dem Schutz der Zivilbevölkerung. In Wirklichkeit wollte man vor allem die Versorgung der LRA mit Lebensmitteln abschneiden, da die LRA gezielt Dörfer plünderte. Die Situation in den Lagern war angesichts der dort herrschenden humanitären Verhältnisse dramatisch. Die Camps waren überbevölkert und geprägt durch schlechte medizinische Versorgung und mangelnde sanitäre Einrichtungen, wodurch sie ein Anziehungspunkt für Krankheiten wur-

[5] Cakay, Ledio. 2010. The Lord's Resistance Army and the Threat Against Civilians in Southern Sudan. The Enough Project.

den. Die Mortalitätsrate in den Camps stieg zwischenzeitlich auf 1000 pro Woche an[6]. Die ugandische Regierung kümmerte sich in den Camps nur sehr eingeschränkt um Basisdienstleistungen, wie Wasserstellen, Gesundheitszentren, Bildungseinrichtungen, und überließ es der internationalen Gemeinschaft bzw. Nichtregierungsorganisationen, für diese Dinge Sorge zu tragen. Durch deren Hilfsaktivitäten in den Camps unterstützten diese, wenn auch nur indirekt, die Norduganda-Politik Musevenis.

Die ugandische Regierung übte mit ihrer Strategie enormen Druck auf die nordugandische Zivilbevölkerung aus. Ihr war es nur eingeschränkt erlaubt, ihre Felder zu bestellen bzw. sich außerhalb der Camps zu bewegen, um anderen ökonomischen Tätigkeiten nachzugehen, was zu Nahrungsmittelknappheit und großer sozio-ökonomischer Abhängigkeit führte. Diejenigen, die gegen diese Regelung verstießen, wurden in vielen Fällen als LRA-Unterstützter angeprangert. Teilweise wurde von Misshandlungen sowie Gewalt gegenüber den Vertriebenen durch die UPDF berichtet. Neben diesen internen Gefahren drohte den Menschen auch Gefahr von außen durch die LRA. Vielfach wurden die Lager direkt von der LRA angegriffen, die Zivilbevölkerung war diesen Angriffen in der Regel schutzlos ausgeliefert. Aufgrund der genannten Faktoren war

[6] UNIRIN. 2005. Uganda: 1,000 Displaced Die Every Week in War-torn North, August 29, 2005.

der Frustrations- und Gewaltgrad in den Camps enorm hoch, Alkoholmissbrauch sowie sexuelle und häusliche Gewalt waren an der Tagesordnung.

Das regionale Mächteverhältnis veränderte sich für die LRA mit dem Abschluss des Comprehensive Peace Agreements (CPA), dem Friedensvertrag, der den Bürgerkrieg zwischen dem sudanesischen Norden und Süden im Jahr 2005 beendete. Die militärische Unterstützung durch Khartum nahm stark ab. Dies führte allerdings nicht zum Rückzug der LRA aus dem Sudan. Vielmehr verlagerte sie ihre Truppen in den Westen des südlichen Sudans sowie in den Nordosten der Demokratischen Republik Kongo, wo sie im Garamba Nationalpark einen neue Basis aufschlug[7].

Für die neue halbautonome Übergangsregierung im südlichen Sudan (Government of South Sudan, GoSS) war die LRA ein großes Sicherheitsproblem, eine große Anzahl an UPDF Soldaten war aufgrund des LRA-Konflikts noch immer im Land. GoSS hatte ein starkes Eigeninteresse, den nordugandischen Konflikt zu beenden. Das führte dazu, dass Anfang 2006 Friedensgespräche mit der LRA begonnen wurden. GoSS sollte als Mediator zwischen der ugandischen Regierung und der LRA vermitteln. Im Juli 2006 folgten schließlich offizielle Friedensverhandlungen. Bis heute gibt es eine ausgeprägte Debatte darüber, was die LRA dazu bewogen hat, in Friedensgespräche einzutreten. Einige betonen, dass

[7] Atkinson, aao.

GoSS, wäre die LRA damals nicht dazu bereit gewesen Friedensverhandlungen abzuhalten, versucht hätte, die LRA zur Not militärisch aus den eigenen Landesgrenzen zu vertreiben. Andere wiederum machen einen Schachzug des Internationalen Strafgerichtshofs (International Criminal Court, ICC) dafür verantwortlich, dass die LRA an den Verhandlungstisch bewegt werden konnte: Angesichts der Brutalität der LRA und des Ausmaßes der Gewalt war im Jahr 2005 ein Haftbefehl durch den Internationalen Strafgerichtshof gegen Kony und weitere namhafte LRA-Führer ausgesprochen worden[8]. Das geschah auf Initiative der ugandischen Regierung, die den Fall LRA bereits 2003 dem ICC übergeben hatte. Kony und seinen Kommandeuren wurden Kriegsverbrechen und Verbrechen gegen die Menschlichkeit vorgeworfen. Unterstützer der ICC-Politik in Norduganda betonen, dass es vor allem die Furcht der LRA-Kommandeure vor dem internationalen Haftbefehl gewesen sei, die Kony und seine Männer dazu gebracht hat, mit Museveni Friedensgespräche zu führen[9]. In der Tat sah sich die LRA durch den Haftbefehl zunehmend in Bedrängnis durch die internationale Gemeinschaft gebracht, wodurch es zu verstärkten Anfeindungen gegenüber internationalen Nichtregierungsorganisationen kam, die Hilfe in den

[8] Branch, Adam. 2007. Uganda's Civil War and the Politics of ICC Intervention. Ethics & International Affairs 21 (2): 179-198.

[9] Allen, Tim. 2006. Trial Justice: The International Criminal Court and the Lord's Resistance Army, London: Zed Books.

betroffenen Gebieten zu leisten versuchten. Andere wiederum betonen, dass für die Konfliktbeilegung der Beschluss des ICC in der Retrospektive eine eher nachteilige Wirkung hatte. Anstatt Friedensverhandlungen mit der LRA voranzutreiben, konnte sich die ugandische Regierung, gestützt auf das internationale Recht, vermehrt auf die militärische Lösung des Konflikts fokussieren, was bis dato nicht erfolgreich war[10].

Die Friedensgespräche in Juba zwischen 2006 und 2008 durchliefen viele Höhen und Tiefen, in denen die LRA zum Teil damit drohte die Gespräche abzubrechen. Es kam zu internen Konflikten in der LRA um die strategische Linie im Friedensprozess. In diesem Zusammenhang wurde die Nummer zwei der LRA, Vincent Otti, im Oktober 2007 auf Konys Geheiß umgebracht. Trotz dieser Vorkommnisse stand im April 2008 ein Friedensvertrag kurz vor dem Abschluss (International Crisis Group 2008). Er sah unter anderem einen permanenten Waffenstillstand, ein Demobilisierungsprogramm für LRA-Kämpfer sowie strukturelle Änderungen in der Norduganda-Politik Musevenis vor. Der Vertrag wurde von Kony allerdings nicht unterzeichnet, unter anderem weil er darin die Rolle des Demobilisierungsprogramms und die Frage des ICC-Haftbefehls nicht ausreichend geklärt sah. Obwohl zahlreiche Versuche unternommen wurden, Kony zurück an den Verhandlungstisch zu bewegen, wurden die Friedensgespräche in Juba schließlich als gescheitert erklärt.

---

[10] Atkinson, aao.

In jenen Tagen wurde der militärische Druck auf die LRA im Garamba Nationalpark in der DR Kongo erhöht. Die kongolesische Armee startete im September 2008 in Kooperation mit der UN Friedensmission MONUC die Operation Rudia in der Region Haut-Huele. Insgesamt wurden zweitausend kongolesische Soldaten und etwa zweihundert "Blauhelme" in die Region entsandt, um die Gräueltaten der LRA einzudämmen und für den Schutz der Zivilbevölkerung zu sorgen. Die ugandische Armee begann zur gleichen Zeit mit den Planungen für eine militärische Mission in die DR Kongo, um die LRA auszulöschen, entführte Personen zu befreien und Kony bzw. dessen Kommandeure zu töten oder gefangen zu nehmen[11]. Gleichzeitig waren aus den Lagern der LRA Signale zu vernehmen, dass sich auch die Rebellen auf eine Wiederaufnahme des Krieges vorbereiten. Im Dezember 2008 startete die UPDF schließlich die Operation „Blitzschlag“ (Operation Lightning Thunder), eine gemeinsame Militäroffensive Ugandas, der DR Kongo und des Südsudan, bei den Planungen war auch das US-Militär beteiligt worden, und bombardierte die LRA-Camps im Garamba Nationalpark. Diesem Überraschungsangriff aus der Luft sollte die Entsendung von Bodentruppen folgen. Die Realität war laut Augenzeugenberichten aber eine andere: Kony war bereits vorab über den anstehenden Angriff informiert, über welche Quellen ist ungewiss und orderte die Evakuierung der LRA-Camps an. Die ugandischen Bodentruppen, die

[11] Human Rights Watch. 2009. The Christmas Massacres. LRA Attacks on Civilians in Northern Congo.

drei Tage später nach dem Luftangriff vor Ort eintrafen, nicht wie ursprünglich geplant direkt danach, konnten nur noch die zerstörten LRA-Camps inspizieren. Auch die Angriffe in den Folgemonaten bis zur Beendigung der Operation Blitzschlag im März 2009 trugen nicht dazu bei, die Führungsstrukturen der LRA merklich zu treffen. Analysen der Operation belegen, dass die UPDF außerdem keine Vorkehrungen für den Schutz der Zivilbevölkerung in der DR Kongo und im Südsudan getroffen hatte. Wieder einmal waren daher die Frauen, Kinder und Männer in den von der LRA betroffenen Gebieten die Verlierer, denn sie waren den Vergeltungsanschlägen der LRA schutzlos ausgeliefert. Im Dezember 2008, kurz nach dem Start der Militäroffensive, unternahm die LRA eine Serie von Angriffen gegen die kongolesische und südsudanesische Bevölkerung, denen insgesamt mindestens 865 Menschen zum Opfer fielen[12]. Diese „Weihnachtsmassaker" wiederholten sich im Jahr 2009.

Nach der Flucht der LRA aus dem Garamba Nationalpark traten die Rebellen nur noch in äußerst kleinen Gruppen auf, wodurch sie abermals ihre enorme Anpassungsfähigkeit an die externen Bedingungen zeigten. Ihre Gefährlichkeit nahm damit nicht ab. Die brutalen Angriffe auf Zivilisten wurden ungehindert fortgesetzt. Die LRA ist heute eine sehr lose Verbindung aus semi-autonomen Einheiten, die alle Joseph Kony Bericht erstatten. Ihre Angriffsgebiete haben sich im Laufe der Zeit nach Nordwesten

---

[12] Human Rights Watch. aao.

verlagert. Ein Großteil der Gruppe befindet sich in der Zentralafrikanischen Republik und in der Demokratischen Republik Kongo. Sogar in Darfur will man in der Vergangenheit LRA Kämpfer gesichtet haben. Ob derartige Meldungen wirklich den Tatsachen entsprechen, ist grundsätzlich schwer zu sagen. Die Vergangenheit hat gezeigt, dass auch andere Gruppen und Einzelpersonen unter dem Namen "LRA" aufgetreten sind, indem sie beispielsweise Münder und Ohren abschnitten.

Oft wird die LRA in der Öffentlichkeit als eine brutale Banditengruppe ohne übergreifende Strategie dargestellt, die nur um ihr eigenes Überleben kämpft, was allerdings nicht ganz den Tatsachen entspricht. Die Entscheidung, die Gruppe in einzelne Einheiten aufzubrechen, wurde bewusst durch Joseph Kony getroffen. Die Zersplitterung der Rebellen macht ihr Auffinden umso schwieriger. Sie ist hervorragend informiert über die Gebiete, in denen sie operiert und die LRA-Kämpfer können wenn nötig enorme Distanzen zu Fuß zurücklegen. Obwohl die LRA zwischenzeitlich Gebrauch von Funkgeräten und Satellitentelefonen gemacht hat, um die Kommunikation zwischen den einzelnen Parzellen herzustellen, ist sie nun dazu übergegangen, vornehmlich Kuriere und Läufer zu nutzen, die Informationen zwischen den Kommandeuren vermitteln.

Wie die LRA am effektivsten aufzuhalten ist, darüber gibt es unterschiedliche, zum Teil sehr konträre Meinungen. Während einige die militärische Lösung befürworten, sehen andere Verhandlungen mit der LRA als den einzig gangbaren Weg an. Wiederum andere betonen, dass die LRA weiter überleben wird, so lange die Staaten, in denen sie operiert, es nicht schaffen für Sicherheit in ihren Territorien zu sorgen[13].

Angesichts der Taktiken der LRA, ihrer Flexibilität und Schnelligkeit und den schwer zugänglichen Gebieten, in denen sie operiert, sind militärische Lösungen zur Besiegung der LRA äußerst schwierig umsetzbar. Zwar wird ein verstärktes militärisches Engagement, wie es derzeit durch die US-Regierung forciert wird, die 100 Militärberater in die Region entsendet hat, um die nationalen Armeen zu unterstützen, sicherlich einen Einfluss auf die derzeitige Situation haben, aber der Dialog mit der LRA sollte hierbei nicht ausgeschlossen sein. In erster Linie müssen die Akteure, die die LRA bekämpfen, verstehen mit welchem Problem sie es zu tun haben und auch die dahinterliegenden Konfliktursachen ausmachen. Hierzu gehört beispielsweise auch, Unterstützer der LRA zu identifizieren, sofern existent, und auszuloten, warum die bisherigen militärischen und politischen Ansätze im Kampf gegen diese Gruppe nicht erfolgreich waren.

Claudia Breitung

---

[9] Lancaster, Philipp/Lacaille, Guillaume/Cakaj, Ledio. 2011. Diagnostic Study of the Lord's Resistance Army. International Working Group on the LRA.

Zu den Texten

Die folgenden Berichte von ehemaligen Kindersoldaten und deren Opfern sind aus Gesprächen entstanden, die in Uganda geführt wurden, teils in der Muttersprache der Betroffenen, teils in Englisch. Sie wurden für dieses Buch übersetzt und sprachlich vorsichtig so umgesetzt, dass sie deutschen Lesern verständlich werden.

Basis sind keine Interviews oder freie zusammenhängende Erzählungen gewesen. Den Betroffenen ist ein gleichlautender Fragenkatalog vorgelegt worden, den sie beantworten sollten, soweit sie das wollten. Dadurch sollte die Hemmung überwunden werden, die verständlicherweise Menschen spüren, die in so unvorstellbar grausame Vorgänge verwickelt worden sind. Das ist weitgehend gelungen.

An der Erstellung der Texte vor Ort waren beteiligt: Bernadeta Manisula, Pato Omia, Helle Jeppesen (Deutsche Welle) und Reinhold Hörnle.

Die Fotos im farbigen Bildteil hat Charles Akena aufgenommen.

Wiederholungen in den folgenden Texten sind Belege für die Glaubwürdigkeit der Betroffenen und darum nur dann korrigiert worden, wenn es sich als unvermeidlich erwies.

Es war schwierig, zu entscheiden, welche der vielen Texte zwischen diesen Buchdeckeln Platz finden und welche nicht aufgenommen werden sollen. Für das Ergebnis entschuldigen sich die Herausgeber ausdrücklich bei den Tausenden Menschen, die wieder kein Gehör gefunden haben.

Die Namen und einige Ortsangaben der Berichtenden wurden geändert, um es denen, die sich an ihnen vielleicht rächen könnten, weil sie das Tabu des Schweigens gebrochen haben, wenigstens etwas schwerer zu machen.

Der Mut, den die Urheber der Texte aufgebracht haben, ist bewundernswert. Diese Menschen sind ein Beispiel für viele andere, die über ihre persönliche Geschichte, die mit Politik verbunden ist, schweigen - auch hier bei uns in Deutschland.

Ihr Lachen klingt wie Weinen

Sophia Auma, geboren im Jahr 1966

Ich spüre Durst und ich weine, während ich eine kleine Puppe in meinen Armen halte.

Die Puppe hatten mir die Ärzte im Krankenhaus geschenkt. Sie sagten zu mir, die Puppe werde meine Schmerzen mit mir teilen. Wenn sie nicht mehr auszuhalten seien, könne ich sie an die Puppe weitergeben. Ich weine wegen meiner Schmerzen im Mund und an den Ohren. Als ich aus dem Krankenhaus entlassen worden war, hatte man mir eine kleine Hütte in Lira gemietet. Neun Mal haben die Ärzte inzwischen operiert und meinen Mund wieder geöffnet. Auch nach der letzten Operation prophezeite mir der Arzt, dass er nach einiger Zeit wieder zuwachsen werde. Wenn die Öffnungen, wo meine Ohren gewesen sind, wieder verstopfen und ich nichts mehr hören kann, werde ich noch einmal ins Krankenhaus nach Gulu gehen müssen. Zurzeit kann ich ohne Schmerzen essen und trinken. Ja, ich kann sogar einen Löffel benutzen. Aber die Mundöffnung wird sich wieder schließen. Das ständige Zuwachsen meiner Lippen bereitet mir Sorgen. Das letzte Mal hat die Operation 350.000 UGX[14] (seinerzeit 150 €)

---

[14] Die Währung Ugandas wird UGK abgekürzt. 1.000 UGX entsprechen etwa 0,31612 €,

gekostet. Ich weiß nicht, wie ich das Geld für die nächste Operation zusammensparen soll.
Es ist das Jahr 2010. Ich bin 44 Jahre alt. Ich stamme aus dem Dorf Akwangkel im Alebtong District. Ich habe die Schule in der zweiten Klasse abgebrochen und kann bis heute nicht lesen und schreiben. Mit meinem ersten Mann wurde ich von den Eltern verheiratet. Ich bekam zwei Kinder.

Dann lernte er eine andere Frau aus dem Zentrum Ugandas kennen und ich musste gehen. Mit meinem zweiten Mann, Ojede, war ich fünfzehn Jahre lang kinderlos verheiratet. Wir waren auf der Flucht vor den Rebellen der LRA auf dem 43 Kilometer langen Weg von unserem Dorf in die Stadt Lira. Das war das Ziel der meisten Flüchtlinge aus der Umgebung. Lira galt als sicher, weil viele Regierungssoldaten der UPDF in den Kasernen dort stationiert waren.

Auf der Hälfte unseres Marsches wurden wir von den Soldaten daran gehindert, weiterzugehen. Die Stadt mit etwa fünfzigtausend regulären Einwohnern war bereits mit Flüchtlingen völlig überfüllt. Nachts schliefen dort über dreihunderttausend Menschen. Wir kehrten also um und suchten im Flüchtlingslager (IDP) in Aloi Schutz vor den Rebellen. Das Lager war nicht weit von unserem Dorf entfernt. Weil es dort keine ausreichende Nahrung gab, machten sich mein Mann und ich mit anderen Flüchtlingen auf den Weg zu den Feldern, um reifen Maniok und andere Früchte zu ernten. In der Gruppe von vier Männern, drei Frauen und einem einjährigen Kind fühlten wir uns einigermaßen sicher.

Mit drei Körben voll Maniok, Bohnen und Erbsen

wollten wir wieder zurückgehen. Die Rebellen saßen in den Bäumen und hatte uns schon eine längere Zeit lang beobachtet.

Wir wurden gejagt, zusammengetrieben und schließlich von der Rebellen umzingelt. Sie fragten, woher wir kämen und warum wir das Camp verlassen hätten. Der Kommandant erkundigte sich, wann die Menschen aus dem Lager gewöhnlich von ihren Dörfern wieder in das Lager zurückkehrten. Die Rebellen fürchteten, unsere Gruppe werde deren Anwesenheit im Lager verraten und drohten uns mit dem Tod. Sie wollten von uns wissen, wo sich die „Rebellen" aufhalten, so nannten die Rebellen der LRA die Soldaten der UPDF.

Einige von uns wurden mit einem Seil zusammengebunden, andere wurden von den Rebellen an den Händen festgehalten. Der Anführer erhob seinen Hände. Das war das Zeichen uns alle zu töten!

Dann begannen sie damit, einem alten Mann aus der Gruppe durch zwei Schläge mit einem Gewehrkolben den Schädel einzuschlagen. Zwei andere ältere Männer mussten zusehen und wurden anschließend von den Rebellen auf dieselbe Art umgebracht. Dabei mussten die Männer niederknien und mit dem Gesicht auf die Erde schauen, sodass sie den Rebellen nicht erkennen konnten, der sie tötete.

Für das Baby waren drei Schläge nötig. Anschließend behauptete ein Rebell, dass es schwieriger sei, ein Baby zu töten als einen Mann.

Ich konnte dieses Morden nur überleben durch mein Vertrauen in Gott und weil ich Jesus als mei-

nen persönlichen Retter anerkannt hatte, der über allem steht. Außerdem stand ich etwas abseits von diesem Geschehen.
Der Tod meines Mannes war schrecklich! Nach zwei Schlägen war er immer noch am Leben und die Rebellen benutzten Steine und traditionelle Ziegel[15], um ihn ganz zu töten. Anschließend ermordeten sie den Rest der Gruppe. Die Leichen ließen sie einfach in der Sonne liegen.

Dann fragten sie mich: "Welcher davon ist Dein Mann?" Ich zeigte auf eine der Leichen. Als ich auf meinen toten Mann wies, befahlen sie mir, mich auszuziehen, nur noch mit dem Slip bekleidet zur Leiche zu gehen, um mit meinem toten Mann zu "spielen", auf dieselbe Art, wie wir nachts Sex gehabt hätten. Aus Angst, auch ermordet zu werden, habe ich das gemacht. Ich begann, meinen toten Mann zu streicheln, vom Kopf bis zu den Beinen, schließlich auch unter Zwang sein Geschlechtsteil. Ich habe auch versucht, seinen Penis in mich einzuführen, aber das war nicht möglich. Der tote Körper war sehr schwer für mich.

Als der Rebellenchef sah, wie ich mich abmühte, rief er mich zu sich, befahl mir, mich hinzusetzen und rief einen Jungen, drei Rasierklingen zu bringen, um mir meine Lippen und Ohren abzuschneiden. Rasch war der junge Mann mit den drei Rasier-

---

15 Im Originaltext verwendet Frau Auma das englische Wort "blocks". Damit werden in vielen afrikanischen Gesellschaften Ziegelsteine bezeichnet, die aus Termitenbausand ohne Zement hergestellt werden.

klingen zurück. Die Rebellen bildeten einen Kreis um mich. Der Anführer warnte mich, wenn ich um Hilfe riefe, würde man mich sofort umbringen. Er befahl mir, während des Schneidens ruhig zu stehen und die Hände stillzuhalten.

Der jungen Rebell schnitt mir zuerst das linke Ohr ab und warf es einfach auf die Erde. Ich sprang verrückt vor Schmerzen auf. Überall war Blut. Man hielt mich fest. Dann schnitt man mir das andere Ohr ab. Ich sah, wie auch mein rechtes Ohr einfach auf die Erde geworfen wurde.

Danach sah mich der Kommandant an. Er war mit den Schnitten nicht zufrieden und schlug den jungen Rebellen heftig zwei Mal und befahl ihm, mit der Klinge nachzuschneiden.

Nach dieser Tortur wurden mir die Lippen herausgeschnitten. Auch dabei sollte ich ruhig bleiben.

Anschließend wurde ich in eine Hütte geworfen. Immer wieder schauten verschiedene Rebellen hinein und fragten mich, ob ich nicht auch wie die anderen getötet werden wolle. Ich schüttelte den Kopf. Ohne meine Lippen und mit den Schmerzen konnte ich nicht mehr sprechen. Immer wieder schüttelte ich den Kopf. Ich musste daran denken, dass die Rebellen meist die Hütten mitsamt den Bewohnern anzündeten.

Einige der Rebellen hatten sich Essen gekocht und brachten mir davon etwas in die Hütte. Ich lehnte ab. Ich hatte noch fürchterliche Schmerzen, als mich später einer der Rebellen fragte: "Wie werden wir genannt?" Ich antwortete, sie seien die Rebellen. Er hob die Hände, um mich zu töten. Dann ließ er davon ab. Ich entschuldigte mich sofort und korrigierte mich, weil ich mich daran erinnerte, dass sich die Rebellen selbst als "die Mobilen" bezeichnen. Daraufhin sagte mir der Rebell, das sei richtig: "Wir sind die mobilen Menschen. Die Soldaten in den Lagern sind die Rebellen, nicht wir."

Später wurde ich auf Befehl des Kommandanten aus der Hütte geholt. Er hatte angeordnet, mir noch die Hände abzuhacken. Wiederholt fragten die Rebellen, ob ich nicht doch lieber getötet werden wolle. Ohne Hände könne ich ja nicht mehr selbstständig essen. Wieder schüttelte ich energisch den Kopf.

In der Nähe der Hütte hatten sich der Kommandant und die anderen Rebellen zum gemeinsamen Gebet versammelt. Danach teilte er mit, dass sich seine Truppe für die nächsten drei Monate dort in der Region aufhalten werde, wenn keine Angriffe vonseiten der Regierungssoldaten zu befürchten wären.

Ich konnte vor Schmerzen nicht laufen. Man schleifte mich vor den Rebellenführer. Ich lag auf den Knien vor ihm, als er mich fragte, ob ich jemals wieder dorthin kommen wolle. Ich schüttelte wieder nur den Kopf. Er befahl mir, zurückzugehen und dem Radioreporter Kakaba von Radi WA in Lira, den Soldaten in Amuka und allen Menschen im Camp meine abgeschnittenen Lippen und Ohren zu zeigen. Ich sollte allen Menschen berichten, dass die Rebellen der LRA in der Umgebung seien und dort blieben.

Es war gegen fünf Uhr nachmittags, als die Rebellen weggingen und ich begann, den ungefähr zehn

Kilometer langen Weg von meinem Dorf in das Camp Aloi zurückzugehen. Unzählige Male fiel ich vor Schwäche hin, bevor ich gegen halb acht Uhr abends den Dorfrand erreichte und zusammenbrach.

Ein Junge fand mich dort blutüberströmt auf der Erde liegen. Zuerst dachte er, ich sei tot. Dann holte er Hilfe. Männer trugen mich zum Vorsteher des Dorfes. Alle Menschen im Lager, auch die Mitglieder der Amuka-Miliz, fingen an zu schreien. Man verband mich, gab mir Wasser und von den wenigen vorhandenen Medikamenten und ließ mich zum Sterben an einen ruhigen Ort im Lager bringen. Aber zum Glück besaß ich ein kleines Transistorradio, das ich einmal von meinem Mann geschenkt bekommen hatte. Ich konnte es im Camp für hundertfünfzigtausend Uganda Schilling[16] verkaufen.

Für das Geld transportierte man mich am nächsten Morgen in das Hospital nach Lira. Ich war bewusstlos, als ich dort eintraf. Meine Mutter und die Ärzte sorgten sich dort einen Monat lang um mich, bevor ich zuerst im Mulag Hospital in Kampala, dann im Mbarara Hospital im Westen Ugandas und schließlich im St.Mary´s Lacor Hospital in Gulu weiterbehandelt wurde. In jener Zeit musste ich mich neun Operationen an meinen Lippen und Ohren unterziehen. Die bis dahin letzte Operation wurde mit Unterstützung der Caritas im Dezember 2010 durchgeführt. Die Öffnungen an den Ohren und

16 Das entsprach etwa 48 €.

Lippen wachsen immer wieder zu und ich kann dann nur noch mithilfe eines Strohhalms etwas Suppe und Flüssigkeit zu mir zu nehmen.

Weiße Entwicklungshelfer mieteten für mich eine kleine Hütte im Stadtteil Tesuba in Lira. Ich wollte aufgrund der schrecklichen Erinnerungen nicht wieder in mein Dorf zurückkehren. Der Anfang war schwierig. Ich bettelte auf den Straßen und ernährte mich nur durch Flüssigkeit. Ich war abgemagert und jeder hielt mich wegen meines Aussehens für eine Aidskranke. Im Jahr 2000 ging ich nach Gulu und begann dort einen kleinen Handel mit Holzkohle. Als der Präsident von Uganda, Yoweri Kaguta Museveni, einmal nach Lira kam, versuchte ich, ihn persönlich zu treffen, um ihn um Unterstützung zu bitten. Am Tor des Hotels schickten seine Leibwächter mich wieder weg. Als der Hoteldirektor, Sam Engole, das sah, riet er mir, mit einem Empfehlungsschreiben aus meinem Dorf am folgenden Tag zu versuchen, den Präsidenten in Okwang zu treffen. Mit einem entsprechenden Dokument war ich am nächsten Morgen in Okwang. Den Präsidenten habe ich nicht gesehen, aber dessen Leibwächter gaben mir hundertfünfzigtausend UGX.

Von einem Teil des Geldes kaufte ich meinem Sohn ein Fahrrad.

Im Jahr 2008 wurde ich Mitglied einer Dorfspargruppe (Village Savings and Loan Association VSLA)[17], einem Projekt der Organisation Care Inter-

---

17 Ein soziales Hilfsprojekt, siehe http://ugandaostafrika.ug.funpic.de/alltagliches/sparen-fur-ein-besseres-leben/#more-353

national. Für mich war aber die vereinbarte wöchentliche Mindestsparrate von 2000 UGX[18] zu hoch. Die Gruppe akzeptierte bei mir ausnahmsweise eine Halbierung der Mindestsparrate. Mit einem Darlehen kaufte ich mir Erbsen, Bohnen und Mais in großen 25-Kilo-Säcken und verkaufte das in Portionen mit einem kleinen Gewinn weiter. Dadurch kann ich meine Darlehen mit den Zinsen zurückzahlen. Meine Hütte zerfiel immer mehr und das Leben in der Stadt wurde mit der Zeit teurer. Ich war darum wieder bereit, in mein Dorf zurückzugehen.

Durch die Unterstützung von verschiedenen ausländischen Organisationen und private Hilfen von Entwicklungshelfern, konnte ich mir Anfang 2011 dort ein Stück Land kaufen, Ziegel brennen, mir ein kleines Häuschen bauen und die Grube für eine Toilette ausheben. Ich war mit anderen Opfern als Zeuge dazu geladen worden, Joseph Kony während der Friedensverhandlungen in Garamba gegenüberzutreten. Doch die Reise wurde kurzfristig abgesagt.

Ich bitte den Präsenten von Uganda und den Internationalen Gerichtshof (ICC), allen Opfern zu helfen, auch wenn Joseph Kony immer noch nicht gefasst ist, bevor alle seine Opfer gestorben sind.

In einem ähnlichen Fall wurde ich von Viehdieben der Karamojong aus dem Nordosten Ugandas überfallen, während ich auf meinem Kartoffelacker arbeitete. Sie zogen mich aus und ließen mich nackt auf dem Feld zurück, während die Verbrecher direkt zu

---

18 Im Jahr 2008 entsprach das etwa 0,80 €.

meiner Hütte liefen und alles mitnahmen. Aber sie taten mir keine Gewalt an und ich wurde auch nicht wie üblich vergewaltigt.

Ich bin ein gottesgläubiger Mensch, ein wiedergeborener Christ, der Joseph Kony und allen Rebellen und schlechten Menschen vergeben hat, so wie es die Bibel lehrt.

Ich habe auch dem Kommandanten der Rebellen verziehen, der damals den Befehl zu meiner Verstümmelung gegeben hat. Der Rebellenführer hätte mich töten lassen können. Nur meinen Mann hätten die Rebellen am Leben lassen müssen.

Ich wünsche mir, dass meine Gebete dazu beitragen, dass der Hass unter den Menschen in Uganda aufhört. Ich bin Gott dankbar, dass ich noch am Leben bin. Ich verkaufe heute Erbsen und Bohnen und etwas Posho. Jeden Morgen mache ich Feuer und kann zurzeit wieder essen. Ich bereite mir täglich Tee zu, manchmal auch zweimal am Tag. Sogar Maniok kann ich mir kaufen. In meinen täglichen Gebeten bitte ich Gott, dass mein Leben so weiter geht.

Das Massaker von Barlonyo

Moses Opira, geboren am 12. Dezember 1969

Ich stamme aus Ogur im Lira Distrikt.

Im Januar 2003 überfielen die Rebellen von Joseph Kony unsere Dörfer. Ich war gerade von der Arbeit auf unseren Feldern zurückgekehrt. Sie entführten mich mit weiteren Dorfbewohnern.

Ich verbrachte drei Monate im Busch in der Gefangenschaft der LRA. Wir mussten schwere Lasten tragen und wurden wie Esel eingesetzt. Bereits am zweiten Tag nach unserer Entführung begann unsere militärische Ausbildung. Wir erhielten danach immer zweimal wöchentlich ein militärisches Training. Die restlichen fünf Tage der Woche begleiteten wir die marodierenden Rebellen auf der Suche nach Nahrung und neuen Gefangenen.

Während der Überfälle auf die Dörfer wurden wir ständig bewacht, um nicht fliehen zu können. Wenn die Rebellen bemerkten, dass du dich mit Fluchtgedanken beschäftigtest, töteten sie dich sofort. Wir neuen Gefangenen erhielten sehr wenig zu essen und versuchten deshalb, unseren Hunger bereits schon während der Plünderungen mit Keksen und Maniok zu stillen. Wir waren ständig auf der Flucht vor den uns verfolgenden Soldaten der UPDF. Oft liefen wir aus Angst vor ihren Angriffen von morgens bis abends ohne eine einzige Rast.

Am Tag meiner Flucht waren wir auf der Suche nach Nahrung im Acholiland unterwegs. Es war in der Gegend von Patongo und wir marschierten in Richtung des Flüchtlingslagers in Acol-Pii. Unser Ziel war das Vertriebenencamp Orit in der Nähe von Lira. Wir erreichten die Nähe des Lagers gegen sechs Uhr abends und warteten auf den richtigen Zeitpunkt für den Überfall. Dann plünderten wir die Hütten der Bewohner und raubten die Waren aus den Geschäften. Ein Haus, in dem Zuckersirup gelagert wurde, brannten wir dabei mit Hilfe von Benzin nieder.

Nach den Plünderungen flüchteten wir. Vorneweg sicherten bewaffnete Rebellen den Weg. Dann folgten wir Gefangenen mit der schweren Beute auf unseren Schultern. Hinter uns gingen bewaffnete Rebellen, um uns an der Flucht zu hindern.

Kurze Zeit später gab es Gerüchte über Truppen der UPDF in der Umgebung und gegen halb acht kam es bereits zu heftigen Gefechten zwischen Regierungstruppen und den Rebellen. Es gab große Verluste aufseiten der LRA. Die Rebellen versuchten, in unterschiedlichen Richtungen der Übermacht der UPDF zu entkommen. Für mich gab es nur die Wahl zwischen Tod oder Flucht. Ich ging in Deckung. Kurze Zeit später wurde ich von Soldaten der UPDF umzingelt. Ich erklärte ihnen, dass ich ein Entführter aus Ogur und kein Kämpfer der LRA war. Sie brachten mich zu ihrem Stützpunkt in Agweng, bevor sie mich später in ihre Basis nach Ogur fuhren. Nachdem die Gemeindebehörde in Ogur bestätigt hatte, dass ich dort als Einwohner registriert war, brachten sie mich wieder nach Hause.

Im November 2003 zwangen uns die immer häufiger werdenden Überfälle der LRA, über Nacht die Hütten unserer Dörfer zu verlassen. Wir schliefen dann in Verstecken im Busch. Daraufhin beschlossen die politischen Vertreter der Gemeinden Barlonyo und Ogur Maßnahmen zum Schutz der Bevölkerung. Barlonyo wurde als ein geeigneter Platz für ein gesichertes Lager befunden. Bis zum 21. Februar 2004 blieb im neu eingerichteten Lager alles ruhig. Es war gegen halb sechs abends, als die Rebellen der LRA unter Führung von Kommandant Okot Odhiambo das Camp in Barlonyo angriffen.

Anfang Februar 2004 hatte die Regierung die Truppe der UPDF in ein anderes IDP-Camp abgezogen. Es blieben nur ein paar Dutzend Soldaten und dazu noch die wenigen und schlecht bewaffneten lokalen Milizen zum Schutz des Lagers zurück. Zu diesem Zeitpunkt befanden sich weit mehr als elftausend Zivilisten im Lager. Es waren schätzungsweise über siebenhundert Rebellen, die das Lager in drei großen Gruppen angriffen. Bevor sie stürmten, warfen sie Granaten in die Unterkünfte der Soldaten am Rand des Lagers. Dort brachen Durcheinander und Chaos aus. Dann stürmten die Rebellen schießend in das Camp. Sie benutzten dabei Maschinenwaffen vom Typ AK 47 und setzten gleichzeitig die Hütten des Lagers in Brand. Sie töteten und verstümmelten wahllos die Bewohner mit ihren Gewehren, Macheten und Stöcken. Die schlimmsten Verbrechen waren das Töten junger unschuldiger Babys. Sie schlugen sie mit ihren Macheten in zwei Hälften und warfen anschließend die beiden Körperteile auf die brennen Grasdächer unserer Hütten. Ich war damals der Leiter des Lagers und versteckte mich mit einigen anderen Bewohner in einem größeren Haus. Es war das einzige Gebäude in Barlonyo mit einem Wellblechdach. Früher hatte ich dort Sesam, Bohnen und Sonnenblumenöl gekauft. Wir versteckten uns im hintersten Raum des Gebäudes unter den vielen Säcken.

Die Rebellen betraten den vorderen Raum des Gebäudes und fanden dort Säcke mit Sesam und Bohnen. Wir hatten Glück, denn sie schleppten die Säcke davon und suchten nicht nach Bewohnern. Dann ertönte das Trillern einer Pfeife und der fast dreistündige Amoklauf der Rebellen wurde abgebrochen. Sie zogen sich zurück. Ich schlich mich im Schutz der Rauchwolken aus dem Haus.

Überall im Lager brannte es. Durch die dichten Rauchwolken war fast nichts zu erkennen. Ich versteckte mich bis zum nächsten Morgen im Dickicht.

Als ich das Lager wieder betrat, lagen Hunderte von Toten überall verstreut auf der Erde. Ich fand die Leichen meiner Mutter, meines älteren Bruders, meiner Schwägerin, eines ihrer Kinder und ein Kind eines jüngeren Bruders. Ich war geschockt und konnte es nicht einfach glauben. Am Ende des Tages wurden mehr als dreihundert Leichen gezählt. Neunundzwanzig unserer Kinder wurden entführt, von denen bis heute nur neun die Flucht von der LRA gelang. Das Schicksal der anderen Kinder ist bis heute weiter ungewiss.

Unsere entführten Töchter sind mit Babys wieder zu uns zurückkehrt. Es war nicht ihr Wunsch, einen Rebellen als Vater zu haben. Aber ihre Väter blieben im Busch und können nicht zur Verantwortung gezogen werden.

Erst nach Rückkehr unserer entführten Kinder, erfuhren wir etwas über Gründe für das Massaker der LRA in Barlonyo. Kurz zuvor hatten Regierungstruppen der UPDF, die im Camp Abia in der Region Apala stationiert waren, ein Lager der Rebellen überfallen. Die meisten von ihnen waren zu jener Zeit bei Plünderungen in der Region Okwang unterwegs. Nur die Kinder und Frauen waren mit ein paar Männern im Lager zurückgeblieben. Die Soldaten nutzten die Gelegenheit und stürmten das Lager, erschossen die Rebellen, befreiten die Entführten und brachten sie wieder zurück in das IDP-Camp nach Abia. Als die Rebellen wieder in ihrem Lager eintrafen, fanden sie es verlassen und völlig verwüstet vor.

Aus Rache überfielen die Rebellen am 4. Februar 2004 das etwa zehn Kilometer entfernte IDP-Camp in Abia und die dort zur Bewachung stationierten Soldaten. Es gab über fünfzig Tote.

Anschließend wurde zur weiteren Vergeltung der Überfall auf das IDP-Camp in Barlonyo geplant und ausgeführt. Wir begreifen bis heute nicht, dass uns die Regierung damals nahezu schutzlos in Barlonyo den Rebellen ausgeliefert hat. Früher überfielen die Rebellen unsere schutzlosen Dörfer, raubten unsere Nahrungsmittel und Eigentum und töteten dabei viele unschuldige Bewohner. Nachdem alle Bewohner ihre Dörfer verlassen hatten, um in den von der Regierung errichteten Flüchtlingslagern Schutz zu suchen, war es für die Rebellen schwieriger geworden, Beute auf ihren Raubzügen zu finden. Sie töteten uns wie Hühner und entführten unsere Kinder, um ihre Truppen zu verstärken. Ich habe seitdem keinen Frieden in meinem Herzen und es ist kein Trost in Sicht. Unser Besitz ist verbrannt und von Hilfe wage ich nicht einmal zu träumen. Meine Verantwortung gilt neunzehn Waisenkindern, die mit meiner Frau und meinen neun Kindern das Wenige an Nahrung teilen. Es reicht gerade für eine Mahlzeit am Tag. So ist heute das Leben in Barlonyo.

Wir, die Überlebenden des Massakers von Barlonyo, urteilen nicht über die Taten der Rebellen. Sie töteten viele unserer Verwandten und Freunden, sie stahlen unser Eigentum und manche von uns wurden sogar für ihr ganzes Leben verstümmelt. Es ist geschehen. Aber wir können nicht immer mit dem Finger auf sie zeigen. Von unseren entführten Kindern, denen später wieder die Flucht gelang, erfuhren wir die wahren Gründe für den Überfall der Rebellen. Unsere Söhne und Töchter waren es, die von den Rebellen gezwungen worden waren, ihnen den Weg in unserem Lager in Barlonyo zu zeigen.

Meine letzte Chance.

Paul Nyeko, geboren am 17. 5. 1990

Wir waren bereits vor den Rebellen in das Internally Displaced Camp (IDP) in der Stadt Aloi, im Bezirk Lira geflüchtet. Ich erinnere mich genau, es war am Mittwoch, dem 5. März des Jahres 2003 und kurz vor meinem dreizehnten Geburtstag. Ich hatte frische Maniokknollen aus unserem Garten geerntet und war auf dem Rückweg in das Flüchtlingscamp. Plötzlich standen Rebellen der LRA vor uns auf dem Weg. Sie sagten, sie wären UPDF-Soldaten und fragten uns nach dem Weg in das Camp. Wir wussten sofort, dass es Rebellen der LRA und keine Soldaten waren. Dann befahlen Sie uns, sofort in die Hocke zu gehen. Sie warnten uns, wer den Versuch machen würde, aufzustehen, werde sofort erschossen werden. Anschließend banden sie uns alle mit einem Seil zusammen und wir mussten in einer Reihe hintereinandergehen. Wir marschieren in Richtung des Flusses Moroto auf dem Weg zu dem Lager der Rebellen in der Gemeinde Atang-Gwata. Sie waren alle mit Macheten bewaffnet und hatten Bajonette auf ihren Gewehrspitzen befestigt. Wir liefen drei Tage lang. Die einzige Nahrung, die wir unterwegs hatten, war roher Maniok aus den Feldern entlang des Weges. Wir überquerten den Fluss Moroto mit Hilfe von Seilen, durchquerten Okuru und erreichten kurz vor Mitternacht das Camp der Rebellen in Atang-Gwata. Dort verbrachten wir fast einen ganzen Monat. In Atang-Gwata schmierten sie unser Gesicht, unsere Körper mit verschiedenen Ölen ein. Das war Teil eines Rituales. Dorthin wurden laufend neue Gefangene gebracht, um dann, begleitet von den Rebellen, an Plünderungen teilzunehmen. Wegen des langen Marsches durch den Busch hatten wir alle geschwollene Füße. Wir trugen keine Schuhe und litten unter den Dornen und Stacheln der Büsche. Außerdem hatten sie uns unsere Kleidung weggenommen und mit ihrer zerrissener Kleidung ausgetauscht. Ich leide bis heute unter Schmerzen in der Brustgegend durch das Tragen der schweren Lasten und der Waffen von gefallenen UPDF-Soldaten. Sie behandelten uns schlecht. Die einzige gute Zeit war, wenn die Kämpfer unterwegs waren, um die Regierungssoldaten zu bekämpfen. Nur dann konnten wir ohne Angst reden, und spielten wie alle Kinder dieser Welt. Es gab wenig Medikamente im Busch. Wunden der verletzten Rebellen wurden meist nur mit heißem Wasser ausgewaschen. Es gab keine sanitären Einrichtungen. Wenn man seine Notdurft verrichten musste, ging man einfach zu der nächststehenden Person und erledigte das unter ihrer Aufsicht. Dabei versuchte man, diese Begleitung nicht wahrzunehmen. Wir haben also wie Tiere gekotet. Gefangene, die der Truppe nicht mehr folgen konnten, wurden zum Sterben einfach zurückgelassen. Am nächsten Morgen erreichten wir unter Kommandant Charles Tabuley die Stadt Soroti in der Region Teso. Wir bewegten uns dann durch Adama nach Anyara. Nach vier Tagen waren wir mit inzwischen über vierhundert Rebellen unterwegs. Eines Nachts, es war eine Stunde nach Mitternacht, liefen wir in einen Hinterhalt der UPDF und der Arrow Boys[19]. Der Kampf war hart. Viele von uns verloren ihr Leben, aber auch die UPDF hatte zahlreiche Verluste. Unser Kommandeur Tabuley wurde bei diesem Gefecht getötet. Während unseres drei Monate dauernden Rückzuges nach Atang-Gwata plünderten wir unterwegs viele Dörfer. In Amugu war unsere Gruppe inzwischen auf über fünfhundert Rebellen angewachsen und wir ernährten uns fast ausschließlich von rohem Maniok. Von Amugu zogen wir weiter in Richtung Adwir und überquerten wieder den Fluss Moroto. Im Acholiland in der Region Pader trafen wir in einem großen Lager der LRA auf weit über tausend Rebellen. Wir blieben dort für drei Tage. Die Frauen waren für das Sammeln von Brennholz und das Kochen zuständig. Um Zeit zu sparen, wurde mit Öl anstelle von Wasser gekocht. Ich wurde während meiner Zeit bei den Rebellen nicht an der Waffe ausgebildet und musste niemanden töteten. Ich hatte auch keinen Sexualverkehr; denn nur den Anführern war der Geschlechtsverkehr mit den Mädchen erlaubt. Ich versuchte auch nicht, zu fliehen, aber ich sah was mit jenen passierte, denen eine Flucht missglückt war: Wir gruben ein Loch in den Boden. Der gescheiterte Flüchtling wurde gezwungen, sein Kinn auf den Rand des Lochs zu legen, mit dem Gesicht nach innen und den Hals über den Rand. Dann wurde er mit einer Machete erschlagen oder zu Tode geprü-

[19] Lokale Selbstverteidigungsmiliz gegen die LRA, die im Südsudan kämpft.

gelt. Dann schlugen wir unser Lager für vier Monate in einem dichten Wald in der Nähe von Gulu auf. Wir ernährten uns fast nur von wilden Früchten und heimischen Kräutern aus dem Wald. Unser Plan, anschließend in den Sudan zu marschieren, wurde durch einen Überfall der UPDF aus dem Hinterhalt vereitelt. Wir waren völlig überrascht und es herrschte ein heilloses Durcheinander. Die ugandische Armee war uns zahlenmäßig weit überlegen und alle rannten wie wild durcheinander. Es gab viele Tote und Verletzte auf beiden Seiten. Zahlreiche Rebellen wurden von den Soldaten der UPDF gefangen genommen. Auch ich wurde mit sieben weiteren Entführten festgenommen. Man brachte uns zur Kaserne der UPDF nach Opit. Dort blieben wir für zwei Tage und wurden anschließend in die Kaserne nach Gulu überführt. Dort wurden wir der Obhut der Caritas übergeben. Wir wurden gut behandelt und erhielten Essen und Trinken. Nach all der Zeit im Busch konnten wir uns zum ersten Mal wieder richtig waschen. Wir verbrachten drei Wochen bei der Caritas in Gulu. Die Caritas hat über das Radio WA in Lira über unsere Rückkehr berichtet und unsere Namen und Herkunft genannt. So wurden unsere Eltern und Verwandten über unsere Rettung informiert. Wir blieben noch für drei Wochen im Rachele Rehabilitation Centre [20] in Lira. Die Caritas fuhr uns zum Radio WA, wo wir live im Radio über unser Schicksal im Busch berichteten konnten. Meine Mutter holte mich in Lira ab und brachte

[20] Mehr als zweitausend ehemalige Kindersoldaten wurden dort zwischen 2003 und 2006 psychologisch betreut und durch Schulbildung resozialisiert.

mich zu meiner Schwester nach Loro, und ich besuchte wieder die Schule. Kurz darauf starb mein Vater und meine Mutter konnte darum die Gebühren für die Aloi Secondary School nicht mehr für mich bezahlen. Dadurch war ich gezwungen, die Schule abzubrechen. Meiner Mutter gelang es nach einiger Zeit, die Gebühren für die günstigere Saviors Secondary School in Lira aufzubringen. Das könnte meine letzte Chance sein.

Kräuter, Wasser und Blut

Raphael Labuke, geboren am 3. 5. 1990

Es geschah am 17. November 2003. Ich war mit einer Gruppe von vier Mitschülern auf dem Heimweg von unserer Schule in Ogengo. Ein Rebell stand plötzlich vor uns. Er trug die Uniform der UPDF und sagte, er habe auf einer Patrouille den Weg und den Kontakt zu seinen Kameraden verloren. Als er sich bückte, um sich am Rücken zu kratzen, entdeckte ich an einem Gürtel unter seiner Uniform fünf Macheten[21] hervorragen. Er bemerkte meinen Blick und versuchte zuerst, mich zu beruhigen. Einen Moment später gab er sich als Mitglied der LRA zu erkennen und befahl mir, ihm zu folgen. Inzwischen war ein weiterer Rebell aufgetaucht und hielt meine vier Freunde fest. Auf einmal trat noch ein Rebell aus dem Gebüsch und schlug sofort mit seiner Machete auf mich ein. Mein Arm begann sehr stark zu bluten, es folge ein schrecklicher Moment der Ungewissheit. Ich versuchte, ruhig zu bleiben; denn eine Gegenwehr hätte meinen sofortigen Tod bedeutet. Am Abend trafen wir auf weitere Mitgefangene, die uns erzählten, dass wir uns in Adwari, in der Nähe von Lira befanden. Wir erhielten etwas Essen in unsere Hände. Wir schliefen aneinander gebunden in der Kälte der Nacht ein. Am nächsten Morgen wurden wir um drei Uhr geweckt und die nächsten drei Mo-

---

[21] Buschmesser, lange Haumesser, die normalerweise keine Kampfmittel sind, sondern zum Freischlagen eines Weges in Dickicht und Gebüsch dienen, auch Panga genannt.

nate durchstreiften wir die Gegend von Lira, Omoro, Kalongo im Acholiland und Atang-Gwata. In den Dörfern raubten und plünderten wir alle möglichen Lebensmittel. Unser Kommandant, Onen Kamdulu, führte uns dann nach Omot. Dort hatte die LRA zu dieser Zeit ihr größtes Lager. Ich schätze, in diesem Camp befanden sich insgesamt mehr als zwölftausend Rebellen. Auch Joseph Kony hielt sich dort öfter auf. Wegen der vielen Rebellen habe ich ihn nie persönlich getroffen. Bei uns führte der Kommandant Vincent Otti das Kommando. Er war ein netter Mann und er warnte uns auf sympathische Art vor einem Fluchtversuch. Ich wurde insgesamt achtzehn Monate in diesem Lager gefangen gehalten. Das Rebellenleben war grausam, schockierend und voll täglichen Elends. Ich glaubte am Anfang nicht mehr daran, dass ich jemals wieder lebend mein Zuhause erreichen würde.

Die beste Zeit war, wenn die Kämpfer im Busch bei Kampfhandlungen unterwegs waren und wir alleine im Lager zurückblieben. Oft aber waren sie nach ihrer Rückkehr von den Kämpfen schlecht gelaunt, sehr aggressiv und quälten uns Gefangene. Einmal wurde den Frauen unseres Kommandanten befohlen, zu uns zu kommen und uns Angst zu machen, indem sie uns mitteilen sollten, dass sie Sex mit uns haben wollten. Sie sollten uns dazu zwingen, dabei nicht hochzuschauen und uns in Zehnergruppen aufzuteilen, die Sex mit einer Frau haben sollten. Es war schwierig, dem zu folgen, es war unmöglich. Im Busch kochten die Männer genauso wie die Frauen. Es gab meist Posho[22] mit Bohnen, immer zusammen in einem Topf gekocht. Da immer mit einem Überfall der UPDF gerechnet werden musste, war niemals ausreichend Zeit für die Mahlzeiten. Die Rebellen erhielten die Speisen in einem Suppenteller, die Gefangenen, ob das Essen heiß oder kalt war, immer direkt in ihre Hände. Wenn wir trinken wollten, führten sie uns zu einem Sumpf. Wir mussten vorher solange darin waten, bis das Wasser richtig trüb und aufgewühlt war, erst dann war es uns Gefangenen erlaubt, daraus trinken. Nur wenn es regnete, konnten wir uns etwas waschen. Alle Gefangenen hatten Läuse am ganzen Körper und zahlreiche Flöhe an den Füßen. Die Frage nach Medikamenten war ein Verbrechen und konnte mit dem Tod bestraft werden. Wenn jemand verletzt war, starb er oder seine Wunde heilte, genauso wie bei einem wilden Tier. Der von den Kommandanten am Anfang der Gefangenschaft erhaltene Kräutertrunk sollte es keinem von uns zukünftig ermöglichen, zu fliehen. Sie tauchen die Kräuter in eine Mischung aus Wasser und Blut und formten daraus eine Art Brei. Eine Flasche davon war immer für die Gefangenen bereitgestellt. Immer wenn du dann nur an Flucht dachtest, tauchten in deinem Kopf davon schreckliche Visionen von getöteten Menschen auf. Diese Angst hält dich dann von der Flucht ab. Hinzu kam, dass eine Flucht sehr gefährlich und schwierig war. Überall waren Späher, in den Bäumen, im Wald

---

[22] Ein Brei aus Maismehl, in anderen Regionen Afrikas auch Ugali oder Papp genannt.

und in der Nähe der Wasserstellen. Einmal war ein Junge aus unserer Gruppe geflohen. Er wurde von den Rebellen wieder eingefangen und zurückgebracht. Der Kommandant befahl, dass zur Strafe dafür seine beiden Füße mit einer Machete abgetrennt wurden. So geschah es. Er blutete stark, wir sahen dabei zu, wie er starb. Das war ein bizarrer Vorfall! Einige von uns weinten, mich eingeschlossen. Der schlimmste Tag war der 7. August 2005. Gegen 21 Uhr gerieten wir in einen Hinterhalt der UPDF. Es war der heftigste Zwischenfall, an dem ich jemals beteiligt war. Nur wenige von uns überlebten oder gelang die Flucht. Ich erhielt zahlreiche Verwundungen am Kopf, an beiden Armen und Beinen und lag schwer verletzt auf der Erde. Ich hatte mit meinem Leben abgeschlossen. Hunde strichen um mich herum, als die Soldaten der UPDF die Leichen ihrer Kameraden einsammelten. Sie brachten mich mit zwei weiteren Rebellen in das Krankenhaus nach Kalongo. Auch heute leide ich immer noch an Albträumen, wenn ich mich daran erinnere. Nach meiner Genesung flüchtete ich aus dem Hospital zurück zu den Rebellen, ich wollte nicht nach Hause gebracht werden. Ich verlief mich auf dem Weg zurück zu der LRA und landete am Aswa River. Ich sah dort einen alten Mann im Fluss baden und stahl ihm seine Kleider. Anschließend versteckte ich mich für drei Tage in der Nähe des Flusses. Dann machte ich mich doch auf den Weg zu meinen Eltern. Nach drei Tagen traf ich auf Soldaten der UPDF und erzählte ihnen von meinem Schicksal. Sie nahmen mich bis Aleptong in ihren Jeeps mit. Dort schenkte mir ein alter Mann aus Mitleid zwanzigtausend UGX. Für einen Teil des Geldes ließ ich mir die Haare schneiden und lief weiter in Richtung meiner Eltern. Ich fand mein Heimatdorf total verlassen vor, zum Teil von der Wildnis zugewachsen. Alle Bewohner waren in das IDP-Camp geflüchtet. Ich fand dort meine Großmutter wieder und schlief die erste Nacht bei ihr. Sie berichtete mir, dass meine Eltern sich in Bweyale in Masindi aufhielten. Am nächsten Morgen fuhr ich mit dem Rest des Geldes nach Bweyale, in der Hoffnung, dort meine Eltern wieder zu treffen. Als sie mich sahen, begannen sie beide vor Freude zu weinen. Auch ich weinte. Ich erzählte ihnen von meinen Erlebnissen und sie begannen, erneut zu weinen. Nach einiger Zeit kehrten wir gemeinsam zurück nach Alebtong und begannen mit dem Wiederaufbau der verfallenen Hütten unseres Dorfes. Ich besuchte wieder die Grundschule in Ogengo und danach wechselte ich auf die Aloi Secondary School bis zur S3. Nach einer Weile konnten meine Eltern die Gebühren für mich nicht mehr bezahlen und ich musste die Schule abbrechen. Im Moment arbeite ich als Helfer auf einer Baustelle. Ich bete dafür, dass wir bald wieder die Schulgebühren finanzieren können. Noch ist die Schule für mich machbar, ich bin erst zwanzig Jahre alt.

Lord's Resistance Army, führende Kommandeure: Vincent Otti (†), Joseph Kony (Anführer), Okot Odhiambo, Bok Abudema und Ocan Bunia (von links nach rechts). Die Aufnahme wurde 2006 während der Friedensverhandlungen im Nationalpark Garamba in der Demokratischen Republik Kongo gemacht.

Der Leiter der LRA-Delegation, Martin Ojul, begleitet von
Rebellen auf dem Weg zu den Friedensverhandlungen

Von der LRA entführte Mädchen und Frauen mit Wasserkanistern auf dem Rückweg in eines der Rebellenlager nach den Friedensverhandlungen

LRA-Führer Joseph Kony (mit gelbroten Tressen an der Uniform) und Leibwächter vor einem Zusammentreffen mit Vertretern der Acholi in Rwi Kwamba im Südsudan, 2006

Kindersoldaten der LRA während einer Mahlzeit in ihrer Basis im Garamba Nationalpark in der Demokratischen Republik Kongo.

Der zweite Kommandant der Lord´s Resistance Army,
Vincent Otti (†).

Ein LRA-Rebell der Leibwache von Joseph Kony während der Friedensverhandlungen in Rwi Kwamba im Südsudan.

Kindersoldaten der LRA im Nationalpark Garamba
in der Demokratischen Republik Kongo.

Ja bedeutet nein

Richard Nabaale, geboren am 2. 11. 1998

Mein Name ist Richard Nabaale. Ich war gerade sechs Jahre alt, als sie mich gefangen nahmen. Ich schlief wie jede Nacht in unserer Hütte, als drei Rebellen der LRA die Tür eintraten. Meine Eltern konnten entkommen, während mich die Rebellen festhielten. Sie legten mir keine Fesseln an, denn sie wussten, ich würde aus Angst in der Nacht nicht fliehen. Sie fragten mich, ob ich laufen kann. Ich nickte, sonst hätten sie mich sofort umgebracht. In dieser Nacht wurden noch weitere fünf Kinder aus unserem Dorf entführt. Sie waren alle älter als ich, so machten wir uns auf den Weg. Unsere Flucht führte uns zuerst durch die Dörfer Apala und Abia. Nachts schliefen wir irgendwo. Wenn es regnete, schliefen wir unter den Bäumen. Nur die Kommandeure schliefen in Zelten. Nach einigen Tagen wussten selbst die Älteren unter uns nicht mehr, wo wir uns befanden. Vielleicht hatten wir schon die Grenze zum Sudan überschritten. Wir brachen jeden Morgen um fünf Uhr auf. Weil unsere Gruppe klein war, mussten wir den Truppen der UPDF ausweichen, um in keine Kämpfe verwickelt zu werden. Nach Tagen erreichten wir das Camp der LRA, wir befanden uns also noch in Uganda. Dort trafen wir auf etwa vierzig Kämpfer unter dem Befehl von Kommandant Vincent Otti. Mit seinen Rebellen waren wir nun eine Gruppe von ungefähr sechzig Personen. Es befanden sich sogar noch jüngere Kinder als ich im Lager. Dort sollten wir uns die folgenden drei Monate aufhalten. Nahrung wurde aus den verlassenen Dörfern der Gegend geplündert und Wasser holten wir aus den zahlreichen Sümpfen der Umgebung. Wir schnitten Gras für die Dächer der Hütten unserer Kommandeure. Wir schliefen unter den Bäumen des Camps. Es befanden sich nur wenige Frauen im Lager, es waren die Frauen der Kommandeure. Ihnen war nicht erlaubt, Wasser zu holen oder Feuerholz in der Umgebung zu sammeln. Auch das Kochen war ausschließlich den Männern vorbehalten. Wir aßen in Gruppen zu sechs Personen. Während dieser drei Monate lehrten sie uns, mit Gewehren umzugehen. Sie zeigten uns, wie man sich anschleicht und in Deckung geht, um in späteren Gefechten überleben zu können. Für Schießübungen gingen wir in den Busch außerhalb des Lagers. Sie hefteten ein weißes Stück Papier an den Stamm eines Baumes. Darauf mussten wir schießen. Jeder Fehlschuss wurde sofort mit heftigen Stockschlägen bestraft. Nach einiger Zeit erhielten wir eigene Gewehre und durften die täglichen Patrouillen begleiten. Dort in der Gegend hielten sich ständig kleine Gruppen der UPDF und der sudanesischen Armee auf. Auch mit einigen Gruppen aus dem Südsudan, vor allem den Dinka[1], gab es ständig Auseinandersetzungen. Mit Spähtrupps entfernten wir uns über zehn Meilen außerhalb des Lagers. Dabei überfielen wir die Dörfer auf

[1] Die Dinka sind eine afrikanische Gesellschaft, die unter anderem im Südsudan lebt, wo sie mit etwa 2,5 bis 3 Millionen Angehörigen die stärkste Gesellschaft ist.

unserem Weg und raubten ihnen alles Essbare. Meist fanden wir Maniok, Ziegen und Hühner. Wir kletterten auf die höchsten Bäume der Gegend und beobachteten von dort aus stundenlang die Umgebung. Abends nach der Rückkehr ins Lager wurde den Kommandeuren Bericht erstattet. Eines Tages entdeckten wir einige Soldaten der sudanesischen Armee, die direkt auf unser Camp zumarschierten. Die Kommandeure im Lager wurden sofort alarmiert und wir bereiteten uns auf einen Angriff vor. An diesem Tag änderte die Truppe der sudanesischen Armee aber plötzlich ihre Richtung, unser Lager blieb unentdeckt und es kam zu keinem Gefecht.

Über Funk erteilten die Kommandeure aus dem Camp den Führern der Patrouillen oft schreckliche Befehle. Einmal wurde uns befohlen, alle Menschen auf unserem Weg umzubringen. Wir töteten alle Menschen wie in einem Amoklauf. Warum wir morden sollten, wurde uns nicht gesagt. An einem anderen Tag töteten wir in einem Dorf ein Schwein. Wir schlitzten den Bauch des Tieres der Länge nach auf und rissen das Herz, den Darm und die anderen Innereien heraus. Dann legten wir ein schreiendes Baby in das Innere des Schweins, wo eben noch das Herz und der Magen gewesen waren. Danach wurde der blutende Bauch des Schweins mit einer Schnur wieder zugenäht. Ein anderes Mal wurde uns befohlen, Schweinekot mit Wasser gut zu vermischen. Anschließend mussten wir das anstelle von traditionellem Bier trinken. Oft wurden Gefangene auf den Patrouillengängen mit dem Kopf nach unten an einen Baum aufgehängt. Wenn sie Glück hatten, ging die Truppe danach einfach nur weiter. Auch ich wurde durch einen Kommandanten gezwungen, einen Menschen zu töten. Es geschah während einer Patrouille. In einem von seinen Bewohnern verlassenen Dorf entdeckten wir in einer der Hütten ein schlafendes Mädchen. Wir weckten es und zerrten es vor die Hütte. Wir fragten es, weshalb es das Dorf nicht wie die anderen Bewohner verlassen hatte. Es erklärte uns, dass es trotz aller Warnungen, in der Hoffnung in seinem Dorf noch etwas zu Essen zu finden, zurückkehrt sei. Es war fünfzehn Jahre alt und ganz alleine unterwegs. Wir fragten es, ob es weiter am Leben bleiben wolle. Während unseres Lebens im Busch erfuhr ich, dass die LRA meist in Verdrehungen sprach. Zum Beispiel hieß "Ja" für sie "Nein" und "Nein" wurde als "Ja" umgedeutet. Darum musste das Mädchen auf diese Weise sterben: Wir gruben ein großes Loch in die rotbraune Erde. Das Mädchen musste sich mit dem Gesicht nach unten hineinlegen. Wir schütteten das Loch wieder zu, bis nur noch sein Kopf und der Hals aus der Erde ragten. Ich erhielt den Befehl, es zu töten. Eine Verweigerung hätte meinen sofortigen eigenen Tod bedeutet. Ich nahm eine Machete und schlug zweimal zu. Das Mädchen schrie: "Oh! Oh! Ich bin tot!" Mein Freund kam hinzu, nahm mir die Machete ab und schlug dem Mädchen damit zweimal kräftig in den Nacken. Erst dadurch starb es. Anschließend sammelten wir Laub und deckten es damit zu. Es befanden sich keine Blutflecken auf meiner Kleidung, inzwischen hatte ich schon meine erste Uniform erhalten. Seit meiner Entführung hatte ich vorher immer ein grünes Shirt und eine kurze blaue Hose getragen. Nach dem Mord setzten wir unsere Patrouille fort. Der Tod des Mädchens berührte mich nicht und ich hatte auch keine Albträume in der folgenden Nacht. Die drei Monate in Uganda waren vorüber, als unsere Kommandanten den Befehl von Joseph Kony erhielten, ihm in den Sudan zu folgen. Unter der Führung von Vincent Otti durchquerten wir die flachen Sümpfe und die dichten Wälder auf dem Weg in den Südsudan. Es galt, jeden Kontakt mit der UPDF oder der sudanischen Armee und den Dinkas zu vermeiden. Während unseres Marsches herrschte ständiger Funkkontakt mit dem Lager, um nicht irrtümlich für Feinde gehalten zu werden. In der Sicherheit der Nacht erreichten wir das Camp von Joseph Kony im Süden des Sudans. Am nächsten Tag wurden wir mit den anderen Rebellen in kleine Gruppen unterteilt. Das Lager war sehr groß. Joseph Kony teilte uns seine Befehle niemals direkt mit, sondern immer nur über seine Kommandanten. Er selbst hielt sich meist im Innern seiner Hütte auf. Ich verbrachte zwei Jahre in diesem Lager. Die meiste Zeit patrouillierten wir im Umkreis von ungefähr zehn Meilen in kleinen Gruppen mit drei bis vier Personen. Die Kommandeure überwachten uns zu jeder Zeit, denn bei einem Fluchtversuch wurde auch der dafür verantwortliche Kommandant mit dem Tod bestraft. Die häufigsten Krankheiten im Camp waren Malaria, Durchfall und Grippe. Im Lager waren auch medizinische Helfer, einmal erhielt ich Tabletten gegen Malaria. Nach zwei Jahren erhielten wir den Befehl, nach Uganda zurückzukehren, um dort mehrere Angriffe gegen die UPDF auszuführen. Mein Freund und ich hatten schon länger vorher beschlossen, der LRA zu entfliehen. Nachdem wir die Grenze nach Uganda überschritten hatten, flüchteten wir in der Morgendämmerung während eines Patrouillenganges. Wir hatten unsere Gewehre weggeworfen und unsere Uniformen mit Zivilkleidung getauscht. Wir rannten Tag und Nacht. Unterwegs aßen wir rohen Maniok, Kartoffeln oder wilde Früchte wie Papayas und tranken Wasser aus Pfützen und Tümpeln. Wir erreichten die Dörfer Abia und Apala, wo wir uns vor der UPDF versteckten. Nach Tagen erreichten wir gegen Nachmittag schließlich das IDP-Lager in Aloi. Dort hoffte ich, meine Eltern wieder zu finden. Tagsüber war es den Menschen offiziell erlaubt, den geschützten Lagerbereich zu verlassen, zu ihren Hütten und Feldern zu gehen, um dort Nahrung zu holen oder zu kochen. Am Nachmittag gegen vier Uhr kehrten sie vor Einbruch der Dunkelheit wieder in das sichere IDP-Lager zurück. Kurz vor dem Eingang in das Lager entdeckte ich meinen Onkel. Ich packte ihn am Arm und er erschrak gewaltig. Er führte mich zu meiner Mutter und zu meinem Vater. Meine Mutter weinte vor Freude. Sie kaufte mir Limonade und ich erhielt eine Menge kleiner Geschenke. Am nächsten Tag wurde ich neu eingekleidet. Es folgte ein Jahr im Lager, ohne dass ich die Schule besuchte. Ich verweigerte den Schulbesuch und meinen Eltern gelang es nicht, mich dazu zu überreden. Ich hatte jedes Interesse an der Schule verloren.

Es war im Jahr 2007, als ich dem Drängen meiner

Eltern nachgab. Ich begann in der Klasse P 3 im Bildungszentrum des Flüchtlingslagers in Aloi. Meine Mutter warnte, mich nicht durch Mitschüler zu Schlägereien provozieren zu lassen. Ich wollte ihr gehorchen. Auch mein Klassenlehrer riet mir, mich ruhig zu verhalten, wenn Mitschüler mich hinter meinem Rücken einen Rebellen nannten. Ich bin damit zurechtgekommen und habe mich immer daran gehalten. Im Jahr 2008 wurde das Flüchtlingslager dann von der ugandischen Regierung offiziell aufgelöst. Meine Eltern und ich kehrten zu unserer Hütte im Aloi Sub County im Bezirk Lira zurück. Ich besuche bis heute wieder meine alte Schule in Alira. Anschließend möchte ich gerne auf die technische Fachschule wechseln, um später einmal Architekt zu werden.

Es ist traurig, festzustellen, dass meine zwei Jahre in der Gefangenschaft totale Zeitverschwendung gewesen sind.

Deshalb bitte ich inständig jeden, der es vermag, um Unterstützung für eine bessere Zukunft.

Leibwächter

Simon Akiror, geboren am 1. 5. 1991

Trotz der Gerüchte, dass sich Rebellen in der Gegend aufhalten sollten, bestand ich darauf, zum Fischen zu gehen. Es gab für mich nichts Schöneres, als meiner Großmutter einen oder gar zwei Fische in der Woche zu angeln. Ihr hohes Alter brachte sonst schon genug Sorgen mit sich. Ich machte mich mit meinen Ködern und Haken auf den Weg. Nach einem erfolgreichen Tag kehrte ich am frühen Abend nach Hause zurück. Irgendetwas war anders. Es herrschte eine ungewöhnliche Stille im Dorf. Nur ganz entfernt waren Stimmen zu hören. Ich erreichte unsere Hütte und hatte gerade meine schmutzigen Kleider ausgezogen, als jemand vor der Hütte "Ihr" rief. Die schlimmsten Befürchtungen waren eingetroffen. Die Rebellen waren in unser Dorf eingefallen. Die Hütte meiner Großmutter stand in Flammen. Die Ziegen flüchteten aus den brennenden Ställen. Ein Rebell trat in meine Hütte und fesselte meine Hände. "Du bist ein schlauer Junge, Du hast zugesehen, was wir getan haben ..." Bevor wir in die Ungewissheit der Nacht aufbrachen, erhielt ich hundert brutale Schläge mit einem Stock. Man warf mir vor, dass ich versucht hätte, die Rebellen auszuspionieren. Ich musste ganz vorne, an der Spitze der Gruppe, marschieren. Wir liefen ohne Unterbrechungen die ganze Nacht und den folgenden Tag, ohne etwas zu essen. Man teilte mich der Eskorte zum Schutz des Kommandanten Okot Atyak zu. Ich diente als persönlicher Leibwächter des Kommandanten, musste den ganzen Tag hinter ihm stehen und ihm seine Kleider waschen, während er mit anderen Kommandeuren unterwegs war. Drei Tage nach meiner Entführung wurde ich zwei Tage lang alleine an der Waffe ausgebildet. Dann erhielt ich eine nagelneue Kalaschnikow, Modell AK 47 und fünfhundert Schuss Munition. Während meiner zweijährigen Gefangenschaft war ich gezwungen, Tag und Nacht diese Waffe zu tragen. Ich begleitete Plünderungen und war bei zahlreichen Entführungen und Morden mit dabei. Schwangere, Kinder und Alte wurden getötet, oder man hackte ihnen die Hände und Beine ab und überließ sie dann ihrem Schicksal. Alles, was ich tat, war, Befehle auszuführen. Ich war meiner Freiheit beraubt und es war kein Raum für persönliche Interessen. Freundschaften zu Mitgefangenen waren nicht geduldet. Sie hätten die Gefahr einer eventuellen gemeinsamen Flucht erhöht. Mein Alltag drehte sich ausschließlich um die Bewachung des Kommandanten. Mein bisheriger Alltag Zuhause war völlig anders gewesen als das tägliche Leben im Busch. Wir waren in unserer Gruppe ungefähr dreihundert Personen. Die Zahl schwankte taglich; denn es kamen durch Entführungen immer wieder neue Gefangene hinzu, während zur gleichen Zeit Gefangene und Rebellen starben. Oft wurden Gefangene einfach willkürlich und zufällig von den Kommandeuren ausgewählt und getötet. Alle Kommandanten sind herzlose Killer. Niemand wünschte sich freiwillig, in ihrer Nähe zu sein;

denn sie sind alle von teuflischen Geistern besessen. Die Ziele der täglichen Patrouillen wurden uns immer erst am Morgen von den Kommandanten bekannt gegeben. Wir marschierten meist zwischen fünfzig und sechzig Kilometer am Tag. Wenn wir von der UPDF verfolgt wurden, waren wir manchmal gezwungen, bis zu zwei Tage und Nächte am Stück zu marschieren. Wir plünderten die Vorratsspeicher und Felder der Bevölkerung in den Dörfern und erbeuteten dabei meist Maniok, Kartoffeln und Hirse. Auch die Läden der Dörfer und die IPD-Camps wurden überfallen und beraubt. Trotzdem herrschte immer Mangel an Nahrungsmitteln. Wasser holten wir aus Gräben und Sümpfen. Ich zählte die Tage während meines Aufenthaltes im Busch. An einem Tag wurde ich gezwungen, einen Jungen zu töten. Er war bei einem Fluchtversuch wieder eingefangen geworden. Alle erfolglosen Fluchtversuche wurden mit dem Tod bestraft. Er war ungefähr Anfang zwanzig Jahre alt und musste sich gegen einen Baumstamm lehnen. Ich nahm meine Kalaschnikow und kaum hatte ich den Auslöser gedrückt, fiel der Junge tot zu Boden. Die folgende Woche konnte ich vor lauter Albträumen nicht schlafen. Immer wieder kamen mir diese Bilder in meinen Kopf. Ich habe Joseph Kony nie persönlich getroffen. Ich hörte, er sei ein machthungriger Mensch und von Geistern besessen. Man erzählte sich, dass er einmal gestorben war und am nächsten Tag wieder von den Toten auferstanden sei. Ich erwachte eines Nachts und stellte fest, dass alle Rebellen schliefen oder unterwegs waren. Es war selten, dass alle Rebellen die ganze Nacht lang durchschliefen, aber ich hatte Glück. Es war einige Wochen nach der Tötung des jungen Mannes und ich war auf einer kleinen Eskorte mit zwei Kommandanten unterwegs. Das machte eine Flucht für mich noch einfacher. Ich rannte vier Stunden, dann erreichte ich erstmals eine Straße. Es war gegen sechs Uhr am frühen Morgen und es war viel Verkehr. Es muss an einem Markttag gewesen sein. Meine Kalaschnikow hatte ich in der Nacht zuvor weggeworfen. Ich hielt einen Fahrer an. Er hatte Töpferware auf seinem Pick Up geladen. Er war sehr freundlich, hörte sich meine Geschichte an und zeigte mir das nur fünfhundert Meter entfernte Büro der LCI (Local Council One). Die Rebellen sind gefährlich. Man sollte so schnell wie möglich wegrennen, wenn man davon erfährt, dass sie in der Nähe sind. Wäre ich damals nur besser weggelaufen, als ich sie in der Nähe hörte! Heute wünsche ich mir, an diesem Tag später vom Fischen heimgekehrt zu sein.

Elefantenfleisch

Samuel Alintuma, geboren am 1. 5. 1993

Wir waren in der Nacht unterwegs, um weiße Ameisen zu fangen. Dazu war ein großes Feuer notwendig, das die Ameisen durch sein Licht anlockte. Der Feuerschein zog aber auch die Aufmerksamkeit der Rebellen an, die sich in der Nähe im Busch versteckt hatten. Sie traten aus ihren Verstecken hervor und fragten uns, was wir dort zu suchen hätten. Sie warfen uns vor, dass wir sie ausspionieren wollten, und nahmen auf diese Weise meine Cousinen und mich gefangen. Wir waren eine Gruppe von zwölf Personen. Neun Rebellen hatten uns entführt. Sie waren mit Maschinenpistolen bewaffnet. Ursprünglich hatten wir Speere mitgeführt. Als wir auf unserem Marsch auf einen Elefanten trafen, gaben die Rebellen uns diese Speere zurück. Bei unserer Entführung waren sie uns von den Rebellen abgenommen worden. Wir sollten den Elefanten für sie töten. Aber unsere Speere konnten dessen harte und dicke Haut nicht durchdringen. Daraufhin erschossen ihn zwei der Rebellen mit ihren Kalaschnikows. Wir mussten den Kadaver ausnehmen, um das Fleisch des Tieres am Feuer zu braten. Mir wurde befohlen, ein sehr großes Stück der schweren Haut zu einem großen Topf ans Feuer zu tragen. Eine meiner Cousinen wurde gezwungen, ein riesiges Stück Fleisch zu schleppen. Wir wussten aus Erzählungen, das Jammern über zu schwere Lasten hätte den unmittelbaren Tod durch die Rebellen zur Folge. Manchmal wurde den Entführten dafür zur Strafe der Mund herausgeschnitten. Es war eine wunderbare Erfahrung, Elefantenfleisch zu essen.

Am Anfang meiner Entführung waren es noch neun Rebellen, vor meiner späteren Flucht waren wir durch zahlreiche weitere Entführungen und dem Zusammentreffen mit weiteren Rebellen eine Gruppe von über vierhundert Personen. Im Busch drehte sich alles um Überfälle, Plünderungen und Entführungen. Ich hatte von einem Mitgefangenen eine kleine Flasche geschenkt bekommen. Bei jeder Gelegenheit, ob an einem Fluss, bei den Sümpfen oder in den Hütten von Dörfern, versuchte ich meine Flasche mit Wasser zu füllen. Es wurde immer alles gegessen, was verfügbar war. Aber es gab nie genug zu essen und zu trinken. Alle schwachen oder kranken Kinder, Frauen und Männer wurden entweder zu Tod gesteinigt, erschossen, erstochen oder einfach in einen Fluss geworfen. Ich hörte von Joseph Kony, dass er viele Frauen und Kinder besitze und den Präsidenten von Uganda stürzen wolle. Man sagte, Joseph Kony sei vom Satan besessen. Außer meinen beiden Cousinen hatte ich keine Freunde im Busch. Ich war allein auf die Barmherzigkeit Gottes angewiesen. Wir waren wie heimatlose Nomaden. Wir erwarteten zu einer Sitzung unter dem Vorsitz eines führenden Rebellenkommandanten eine Gruppe von über fünfhundert weiteren Rebellen. Während des Wartens auf das Eintreffen der Gruppe erschien aus dem Nichts plötzlich ein Löwe. Jeder rannte um seine Leben oder kletterte auf einen der umstehenden Bäume. Ich rannte kilometerweit. Das war meine Chance, von den Rebellen zu entkommen. Ich rannte mehr als zwei Stunden und kletterte dann erschöpft auf einen Baum, um dort die Nacht zu verbringen. Ich war hungrig und sah auf einem benachbarten Ast einen Vogel in seinem Nest. Ich packte ihn bei seinen Flügeln und riss ihm dem Kopf ab. Dann rupfte ich alle Federn heraus und hängte in mit dem Hals nach unten auf, um ihn über Nacht ausbluten zu lassen. Am nächsten Morgen aß ich den Vogel auf, bevor ich meine Flucht fortsetzte. Gegen Nachmittag traf ich auf einen alten Mann, der gerade Zuckerrohr erntete. Ich erzählte ihm von meiner Flucht vor den Rebellen. Er zeigte mir die Baracken mit den Büros der LCI. Ich verbrachte dort eine Nacht und wurde dann zum Büro der GUSCO nach Gulu gebracht. Nach einem Monat war ich wieder mit meiner Familie vereint.

Es war einfach Pech, in dieser Nacht entführt worden zu sein. Seit meiner Entführung habe ich nie wieder weiße Ameisen gegessen.

Mit Salzsack durch den Fluss

Ronald Atubo, geboren am 19.11.1988

Die Umgebung in meinem Dorf besteht aus hügeligen Felsen. Es war am Nachmittag und ich beaufsichtige die Rinder- und Ziegenherde meines Vaters. Ich war gerade damit fertig, die Tiere zu tränken und stieg auf einen nahegelegenen Felsen, um nach der nächsten Weidefläche für die Tiere Ausschau zu halten. Ich hatte zwar Gerüchte gehört, dass zwei Tage zuvor einige Rebellen bei Plünderungen beobachtet wurden, aber ich verschwendete keine Gedanken daran. Ich hielt alles, was danach folgte, für einen bösen Traum. Ich sah unscharfe Bilder von Menschen in dunkelgrünen Uniformen, die auf mich zuliefen. Ich rannte, so schnell ich konnte, davon. Kurz bevor ich den Rand unseres Dorfes erreicht hatte, packte eine Hand meinen linken Arm und riss mich zu Boden. Ich schloss meine Augen. Aber es war kein Traum. Als ich sie öffnete, war ich von drei Rebellen umzingelt. Einer hielt mich am Hals fest, ein anderer umklammerte meine Beine und, der dritte zielte mit seinem Gewehr auf meinen Kopf. Sie fragten mich nach meiner Familie. Bevor ich antworten konnte, befahl ihr Kommandeur schon den Rückzug. Die Kampfhubschrauber der UPDF waren nur noch einen Kilometer von uns entfernt. Wir flüchteten und marschierten ohne Unterbrechung bis um zwei Uhr in der Nacht. Während der ganzen Flucht war es niemandem erlaubt, zu reden.

Jede meiner Bewegungen wurde ständig beobachtet. Ich war inmitten der Rebellen der LRA. Die Nacht war kurz, ich schlief sofort ein. Am nächsten Morgen stellte ich fest, dass wir in der Nähe eines Flussufers genächtigt hatten. Die Umgebung war völlig anders, als alles, was ich bisher kannte. Auch die große Gruppe Menschen um mich herum. Es war irgendwie unheimlich. Kinder spielten. Frauen machten Feuer und andere fertigten unterschiedlich starke Seile. Einige der Rebellen packten kleine Gepäckstücke in Säcke zusammen. Dann stürzten sich zwei riesige Männer in die Fluten des Flusses. Ihre Aufgabe war es, Seile an Bäumen auf der anderen Seite des Flusses festzubinden. Wir mussten uns alle in einer Reihe aufstellen. Es war zwölf Uhr mittags, als die Prozedur begann. Ich trug einen Zwanzigkilosack mit Salz auf meinem Kopf. Nach etwa fünf Stunden hatten über fünfhundert Menschen mit schweren Lasten auf ihren Köpfen den Fluss Aswa überquert. Ich schaute zurück auf das andere Flussufer und verlor jede Hoffnung auf Rückkehr in meine Heimat. Wer würde schon versuchen, den Fluss zu überqueren, um mich auf der anderen Seite zu suchen? Alle waren müde, sogar die Kommandanten. Bis auf die Wächter suchte sich jeder einen Platz am Flussufer und schlief in der untergehenden Abendsonne ein. So endete mein erster Tag bei den Rebellen. Ich war bei der LRA, unter Rebellen, die ich vorher nicht kannte. Ich war zusammen mit unbarmherzigen Mördern. Ich lernte während meiner Zeit im Busch viele Führer der LRA, unter ihnen auch Vincent Otti, Kenneth Banya und Sam Kolo, kennen.

Die LRA-Kommandeure waren äußerlich Menschen wie Du und ich. Erst durch ihre grausamen Befehle, wie Menschen zu Tode zu steinigen oder jemanden in Stücke zu schneiden und anschließend zu essen, wurden sie zu Bestien. Joseph Kony habe ich nie persönlich getroffen. Im Busch gab es keine Routine. Der Alltag war immer abhängig von der aktuellen Sicherheitslage des Camps und geprägt von den Befehlen der Anführer. Oft erhielt eine Gruppe den Befehl für Plünderungen und Entführungen. Waren die in den Dörfern erfolgreich, erbeuteten wir Hühner, Ziegen, Schafe, Maniok, Kartoffeln, Hirse und andere Feldfrüchte. An schlechten Tagen aßen wir nur Gemüse, oder nur wilde Früchte aus der Umgebung. An vielen Tagen fand sich keine Nahrung. Man aß immer nur, um zu überleben, niemals um satt zu werden. Es war kein Zuhause, sondern das Leben im Busch bei den Rebellen war das Schrecklichste, was man sich vorstellen kann. Während der Regenzeit waren wir meist den ganzen Tag völlig durchnässt. Es gab in der Regel nicht genügend Zelte für alle und darum schliefen wir oft nur mit Napier-, Elefanten- oder Ugandagras zugedeckt. Abhängig von der Bedrohung durch die Soldaten der UPDF waren wir oft zu stundenlangen Märschen gezwungen. In drei Tagen bewältigten wir bis zu hundertfünfzig Kilometer. Manchmal blieben wir für zwei Tage an einem Ort. Schwache, die nicht mehr folgen konnten und den Treck behinderten, wurden meist getötet. Nur sehr selten hatte ein Kommandant Mitleid und wir legten eine kurze Rast ein, bevor wir weiter zogen. Ich trug eine Kalaschnikow

Modell AK 47. Einen Monat nach meiner Entführung habe ich von einem Rebellen Namens Okello, gemeinsam mit 25 anderen Jungen, eine Ausbildung an der Waffe erhalten. Ich lernte schnell, die Waffe erfolgreich im Kampf gegen die Soldaten der UPDF zu benutzen. Nur darum konnte ich die Zeit im Busch überleben. Wir waren etwa dreihundert Rebellen in meiner Gruppe, zweihundert wurden ausgewählt, in den Sudan zu gehen. An einem Tag haben die Rebellen zwei der Kindersoldaten ausgesandt, zu melden, falls sich Soldaten der UPDF dem Lager der LRA näherten. Die Jungs nahmen ihre Aufgabe nicht ernst und lachten, als sie den Kommandeuren Bericht erstatteten, alles sei ruhig. Kurze Zeit später griff eine Gruppe von ungefähr zwanzig Soldaten der UPDF unser Lager an. Bei diesem Angriff wurden sieben Personen, darunter vier Mädchen und drei Jungen getötet. Vierzehn Menschen wurden schwer verletzt und über fünfzig Rebellen litten danach an kleinen Verletzungen. Ich war traurig; denn die drei getöteten Jungen waren meine einzigen Freunde. Ich hatte viel Glück. Ich stand beim Angriff der Soldaten direkt hinter meinen Freunden. Die einzige Chance, sich gegen die Willkür der Kommandanten zu schützen, war absoluter und bedingungsloser Gehorsam. Es war schrecklich, die grenzenlose Brutalität der Rebellen zu erleben. Die unaufhörlichen Attacken der Moskitos waren noch das geringste Übel. Die ständige Konzentration auf das eigene Überleben und die Gedanken an Heimkehr, schützen mich vor Krankheiten. Ich war während meiner Zeit im Busch niemals krank, nicht einmal für einen Tag. Ich empfinde meine Entführung und die Zeit bei den Rebellen der LRA als einen gescheiterter Angriffsversuch des Satans auf mein Leben. Es ist vorbei und darum hatte die Entführung auch etwas Gutes. Seither habe ich eine völlig andere Einstellung zum Leben. Die ganze Welt sollte in ihren Gebeten für eine Umkehr der Rebellen der LRA beten.

Babys starben

Agnes Akon, geboren am 19. 7. 1992

Es war der 21. April 2002. Wir waren unterwegs und hatten Feuerholz gesammelt. Wie üblich banden wir unter einem großen Baum daraus Bündel. Dann brachen wir in unterschiedliche Richtungen auf. Nach etwa achthundert Metern hörte ich hinter einem Baum eine Stimme: "Jal", ein Acholi[2]-Wort für "Du". Bevor ich antworten konnte, waren meine Hände gefesselt. Ich weiß nicht, was mit meinen anderen Begleitern passiert ist. Ich habe sie seither nicht wieder gesehen. Drei weitere Personen aus meinem Dorf waren auf dieselbe Weise von Rebellen entführt worden. Wir wurden mit Seilen aneinander gebunden. Wir flüchteten aus unserem Dorf in Obalango in Richtung Westen. Gleich an meinem ersten Tag bei den Rebellen wurden zehn Menschen von ihnen umgebracht. Sie wurden von zwei Kindersoldaten erschossen. Sie waren immer langsamer gelaufen und hatten geklagt, müde von dem langen Marschieren zu sein. Ich hörte noch den Kommandanten sagen, lasst sie ausruhen. Erst dachte ich, dass auch dort im Busch Bitten respektiert würden. Dann brachte man sie zur Ruhe, indem man sie etwas abseits des Weges umbrachte. Ich verabscheue die LRA, möge sie vor dem Angesicht Gottes gerichtet werden! Der tägliche Umgang mit dem Sterben gehörte zu meinem neuen Leben. Aber das Schreck-

[2] Eine zur Luo-Familie zählende Sprache in Uganda

lichste ist, wenn jemand direkt neben dir getötet wird. Wir kamen in ein Kreuzfeuer zwischen der LRA und den Soldaten der UPDF. Ein Querschläger traf eine Frau direkt neben mir. Sie fiel mit ihrem kleinen Baby zu Boden. Auch das Baby war sofort tot. Der Tod dieses unschuldigen Babys war der erste während meiner Zeit im Busch. Im Lauf meiner Gefangenschaft bei der LRA sah ich fast zwanzig Babys sterben. Ich stand unter dem Befehl des LRA-Kommandanten Sam Kolo. Er war der Verantwortliche für die Befehle für Morde, Plünderungen und das Niederbrennen von Häusern. Er befahl, wie lange wir an einem Tag gingen und in welche Richtung wir uns bewegten. Er ist gnadenlos. Joseph Kony habe ich nie gesehen. Das tägliche Leben im Busch bestand meist aus langen Märschen, abhängig vom Befehl des Kommandanten und der Nähe der UPDF. Es wurde geplündert, Hütten wurden niedergebrannt und die Bewohner, gleich ob Männer, Frauen oder Kinder, wurden entführt. Manchmal stießen wir auf andere Rebellengruppen und die Anführer trafen sich zu Besprechungen. Es gab keine Routine im Alltag. Wir Gefangenen hatten nur eine klare Aufgabe, nämlich, nach Befehl zu laufen. Nur beim Kochen gab es manchmal ein Lachen. Wenn die Rebellen einige Soldaten der UPDF getötet hatten, wurde meist zur Feier eine Ziege am Feuer gebraten. Wir ernährten uns aber meist von Maniok, Kartoffeln und Gemüse, manchmal nur halb gar gekocht. Die meiste Zeit aßen wir diese Speisen roh, besonders im Sudan, wo wir nie Zeit zum Kochen hatten. Essen war nie genug vorhanden, auch wegen der langen

Distanzen, die wir zurücklegten. Meistens hatten wir ausreichend Wasser, vor allem in der Region Largo; denn dort gab es viele saisonale Sümpfe und Flüsse. Im Sudan dagegen war das Wasser sehr knapp. Wir schöpften Regenwasser, das sich in Fußabdrücken gesammelt hatte, mit Hilfe von Flaschen. Dieses Wasser trugen wir dann mit uns und benutzten es zum Trinken und Waschen. Zwei Monate nach meiner Entführung wurde ich von Ocan Kolo an einem Sturmgewehr ausgebildet. Ich besaß eine Kalaschnikow AK 47, die Rebellen benutzten zusätzlich Messer und Pangas, um damit Lippen und Ohren abzuschneiden, oder Menschen in Stücke zu hacken. Wir waren etwa hundert Rebellen in meiner Gruppe, nach Entführungen noch mehr. Zeitgleich gab es andererseits Verluste durch Kämpfe mit der UPDF. Schwache und Verwundete wurden manchmal gleich getötet, oder zu den Lazaretten auf die Hügel gebracht. Dort war ein Arzt der Rebellen, der versuchte, entsprechende Hilfe zu leisten. Ich war mit zwei Jungen auf Patrouille unterwegs, um nach Soldaten der UPDF Ausschau zu halten. Wir waren auf Bäume geklettert und beobachteten eine Handelsstation mit einer Unterkunft der UPDF. Wir sollten den Rebellen keinen Bericht mehr darüber erstatten können, was wir gesehen hatten; denn plötzlich waren wir von Soldaten der UPDF umringt, die uns befahlen, von den Bäumen herabzusteigen. Wir wurden sofort entwaffnet und zu den Unterkünften der staatlichen Armee abgeführt. Dann wurden wir lange von der UPDF verhört. Sie interessierte sich vor allem für die Zahl der Rebellen und deren Bewaffnung. Sie brachten uns anschließend für einen Monat zum Camp der World Vision[3] in Gulu, bevor ich wieder mit meiner Familie vereint wurde. Wir leben in der Nähe einer katholischen Pfarrgemeinde. Darum bin ich nun immer in Kontakt mit den Priestern. Meine Gebete sind für mich die größte Hilfe zur Bewältigung der Erlebnisse im Busch. Die Entführung riss mich aus meiner Ausbildung, entfernte mich von meiner geliebten Familie und allen Freunden. Mein Leben wurde dadurch total verändert. Die Rebellen besitzen keinerlei Respekt vor dem menschlichen Leben!

[3] Ein international arbeitendes christliches Kinderhilfswerk.

„Lass sie ausruhen!"

Daniel Dujanga, geboren am 12. 7. 1992

Ich war mit meinen beiden Cousinen auf dem Heimweg von der Schule. Unsere Schule liegt etwa zwei Kilometer von unserer Hütte entfernt. Es war schon spät am Nachmittag und es wurde bereits langsam dunkel. Normalerweise benötigen wir für den etwa zwei Kilometer langen Nachhauseweg etwa vierzig Minuten, dabei mussten wir zwei große Sümpfe durchqueren. Wir hatten von Gerüchten gehört, dass sich Rebellen in der Gegend aufhielten, wollten aber trotz der aufkommenden Dunkelheit nicht auf dem Weg bei Fremden übernachten. Außerdem hatte mein Vater uns erst am Morgen gesagt, wir sollten abends Zuhause schlafen. Keinen Steinwurf vor unserer Hütte stand plötzlich ein etwa fünfzehn Jahre alter Junge in einer Uniform vor uns. Er trug ein Gewehr und befahl uns, die Hände hochzunehmen. Meine beiden Cousinen rannten einfach davon. Ich geriet allein in die Hand des jungen Rebellen. Wir trafen auf weitere Rebellen und flüchteten nach Norden. Zusätzlich zu mir waren fünfzehn weitere Personen aus meinem Dorf entführt worden. Wir liefen die ganze Nacht. Die Soldaten der UPDF verfolgten uns und schossen in unsere Richtung die ganze Nacht über, bis zum späten Nachmittag des nächsten Tages. Wir flüchteten weiter, bis wir am frühen Abend in einem kleinen Wald rasteten. Jeder von uns Gefangenen erhielt mehrere Biskuits und eine Limonade. Diese Sachen stammten alle aus einem Geschäft in der Nähe unserer Hütte. Gewöhnlich wurden wir zwischen fünf und sechs Uhr morgens geweckt. Die Mädchen begannen, das Essen auf dem Feuer vorzubereiten. Die Jungen gingen in Begleitung bewaffneter Rebellen auf Patrouillen. Bei Angriffen durch die UPDF mussten wir immer bis zu den vordersten Reihen aufrücken. Unsere Gruppe hielt sich nie länger als zwei Tage an einem Ort auf. Der Grund war klar: Die Soldaten der UPDF sollten uns nicht leicht ausfindig machen und angreifen können. Wir waren in der Regel zwischen hundertfünfzig und zweihundert Personen in unserer Gruppe. Einige Rebellen wurden in den Sudan abkommandiert. Neue Personen kamen durch die laufenden Entführungen dazu. Die Rebellen waren alle mit Sturmgewehren und Granaten bewaffnet. Ich traf den LRA-Kommandanten Sam Kolo in Kitgum. Er machte einen sehr harten Eindruck auf mich, ein geborener Kämpfer. Von Joseph Kony erzählte man sich, dass er von einem bösen Geist, der in seinem Körper wohnt, gesteuert werde. Wir ernährten uns von Maniok und Süßkartoffeln, die wir von den Feldern der Bevölkerung stahlen, oder von Früchten und Beeren, die wir unterwegs fanden. Meistens wurde alles roh verzehrt und wir litten ständig unter Hunger. Im Sudan war es am Schlimmsten, denn dort war es sehr trocken und unfruchtbar. Rebellen, die in den Sudan aufbrachen, verhungerten sehr oft. Nur die Kommandanten besaßen Moskitonetze. Einmal herrschte über vier Wochen Durchfall in unserem Lager. Schwangere Frauen wurden in die

Nähe der Lazarette gebracht und von älteren Frauen unterstützt. Kinder blieben bis zu ihrem drittem Lebensjahr bei ihren Müttern. Danach mussten sie für sich selbst sorgen. Schwache oder kranke Männer wurden meist getötet. In den Köpfen der Kommandanten war kein Platz für schwache Männer. Ich fühlte mich so erbärmlich, als ich mit einem Gewehrkolben eine Frau totschlagen musste. Sie hatte geklagt, müde zu sein. Unser Anführer hatte zynisch geantwortet: "Lasst Sie ausruhen". Ich hatte zuerst keine Ahnung, was er mit "Ausruhen" tatsächlich meinte. Es bedeutete ihren Tod! Ich wurde durch Zufall ausgewählt, sie zu töten und man gab mir dafür ein Gewehr. Ich hatte sonst nur eine Machete benutzt und war auch nicht an einem Gewehr ausgebildet. Ja, dann ich habe sie mit dem Gewehrkolben erschlagen. Heute noch verfolgt mich diese schreckliche Tat. Es war während eines heftigen Gefechts zwischen den Rebellen und den Soldaten der UPDF. Das Gewehrfeuer aus einem Kampfhubschrauber nahm uns unter heftigen Beschuss. Kurz davor war mein bester Freund von den Soldaten erschossen worden. Mein bester Freund war tot. Es herrschte völliges Chaos und ich sah darin eine Chance zur Flucht. Ich rannte ohne Rücksicht auf das Kampfgeschehen direkt zu jener Stelle, wo der Hubschrauber gerade zu landen versuchte. Als ihm das gelungen war, erhob ich meine Hände. Ich wurde verhört und musste viele Fragen beantworten. Ich versuchte, den Soldaten klar zu machen, dass ich von den Rebellen entführt worden war und nur noch nach Hause wollte. Eine Stunde später landeten wir in Gulu. Nach zwei Tagen wurde ich zur GUSCO[4] gebracht und blieb dort für einen Monat, bevor ich meine Familie endlich wiedersah. Das war meine Bestimmung durch die Schöpfung. Ich sah lahme Menschen, Menschen mit Lepra, blinde Männer und Frauen. Jeder Mensch hat sein Kreuz zu tragen, ich eben meine Bestimmung. Ich beschäftigte mich danach mit Dingen, die mir halfen, die Erlebnisse zu vergessen. In meiner Freizeit fertige ich Töpferwaren, ich hüte Grace, die Kuh meines Vaters, und versuche zu vermeiden, allein zu sein. Ich hoffe, das bald jemand dieses Treiben der LRA beendet. Die Rebellen sind so herzlos, rücksichtslos und unmenschlich, sie benehmen sich wie Tiere. Sie sind besessen von einer unvorstellbaren Brutalität. Was mich erstaunt ist, dass auch sie von Gott erschaffen wurden. Satan bekämpft die Gläubigen auf unterschiedliche Weise. Ich bitte alle Menschen dieser Erde, für die Umkehr der Rebellen zu beten. Satan benutzt die Rebellen der LRA, um mit ihrer Hilfe Gottes Schöpfung zu zerstören!

[4] Gulu Support the Children Organisation, eine Hilfsorganisation für Kinder in Uganda.

Im Versteck eingeschlafen

Joyce Kasigwa, ,geboren am 25. 6. 1992

Es geschah am 16. März 2002. Gegen Mitternacht hörten wir Schläge an der Tür. Wir Mädchen schliefen in einer eigenen Hütte, wie die Jungen in ihrer. Die älteren Männer schliefen mit ihren Frauen etwas abseits in anderen. Ich schlief zusammen mit meinen sechs Cousinen, als eine Stimme draußen befahl, die Tür zu öffnen. Eine meiner Cousinen fragte, wer denn dort sei. Die Antwort war: "REBELS"! Dann schlugen sie die Tür aus dem Rahmen und führten uns nach draußen. Wir erzählten ihnen, wir seien alle Waisen und sie fragten uns nach unseren Großeltern. Wir mussten sie zu der Hütte unseres Großvaters führen. Sie zerrten ihn heraus und drohten, bei dem geringsten Widerstand, ihn mitsamt seiner Hütte anzuzünden. Er war schon alt und schwach und drei meiner Cousinen waren noch zu jung. Meine zwei älteren Cousinen und mir wurde befohlen, Gepäck und jede sieben Hühner zu tragen. Wir gingen in Richtung Westen und erreichten den Fluss Moto. Dorthin waren wir immer zum Schwimmen gegangen. Am Ufer stand die Hütte eines alten Mannes. Die Rebellen wussten, dass er als frommer Mensch galt. Sie zwangen ihn, mitzugehen, in der Hoffnung, dass er die Zahl der Gläubigen im Busch erhöhen würde. Unsere Gruppe zählte da ungefähr fünfzig Personen und es dauerte ungefähr zwei Stunden, bis wir alle sicher den Fluss überquert hatten. Am anderen Ufer angekommen, konnten wir uns zehn Minuten ausruhen, bevor wir weiter ziehen sollten. Aber der fromme alte Mann war zu erschöpft, sodass die ganze Gruppe bis zum nächsten Morgen am Flussufer nächtigte. Es war gegen sechs Uhr am Morgen, als unser Anführer Atyak Okot rief: "Twende!" Das ist ein Wort aus Kiswaheli und bedeutet: "Wir gehen." Der alte Mann weigerte sich, weiterzugehen. Zwei junge Kindersoldaten erhielten den Befehl von Atyak Okot, ihn zu töten. Sie schlugen mit Eisenstangen auf ihn ein, bis der alte Mann bewusstlos wurde. Sie hatten Angst, den frommen Mann zu töten. Ein Rebell erschoss daraufhin zuerst den alten Mann und dann die beiden jungen Kindersoldaten. Sie hatten ihren Befehl nicht richtig ausgeführt. Das war der Beginn des ersten Tages bei den Rebellen. Erst überlegte der Anführer, auch uns an dieser Stelle töten zu lassen. Doch er verschonte uns und wir erhielten den Auftrag, die Toten auszuziehen und ihre Kleidung im Fluss vom Blut zu reinigen. Die Körper der Toten wurden anschließend mit Benzin übergossen und verbrannt. Dann brachen wir auf. Wir marschierten bis zum frühen Abend und es blieb alles ruhig. Der Alltag war völlig abhängig von den Plänen unseres Kommandanten Atyak Okot, oder wie nahe die Soldaten der UPDF den Rebellen gekommen waren. Er konnte einen Befehl zu Plünderungen geben. Besonders begehrt waren Zucker und Seife. Morgens konnte der Befehl lauten, nur Mädchen zu kidnappen, am nächsten Tag nur Jungen. Selten blieben wir den ganzen Tag über an einem Platz. An manchen Tagen marschierten wir über fünfzig Kilometer durch den Busch. Es gab keine Routine. Auch gekocht wurde nur dann, wenn der Anführer es erlaubte. Aber wir marschierten fast ständig. An keinem Ort schliefen wir ein zweites Mal. Wir ernährten uns von Hirse, Sorghum, Maniok, Erbsen, Bohnen und manchmal wurde eine Ziege am Feuer gebraten. Alle diese Dinge wurden durch Plünderungen erbeutet. In Uganda fanden wir meist etwas zum Essen und auch ausreichend gutes Wasser. Im Sudan war alles anders. Hier gab es nur etwas Gemüse und wilde Beeren, die wir im Busch gefunden hatten. Wasser schöpften wir nach Regenfällen aus Pfützen.

Wir schliefen im Freien. Wenn wir Glück hatten, fanden wir ein paar Maisblätter, um uns darauf zu legen. Nur die Kommandanten besaßen Zelte. Ein paar Rebellen hatten Moskitonetze, aber die meisten schliefen ohne. Ich hatte ein Moskitonetz, während wir in Uganda waren, aber im Sudan hatten wir alle keine. Die Kranken und Verwundeten wurden auf Hügel zu den sogenannten Krankenstationen gebracht, die sie medizinisch versorgten. Medikamente erhielten wir aus dem Sudan. Schwerverletzte, ohne Chance auf eine baldige Heilung, wurden getötet. Ich schloss keine Freundschaften im Busch, nachdem ich miterlebt hatte, wie fünf Rebellen aufgrund ihrer Freundschaften, umgebracht wurden. Eines Tages trafen sich mehrere kleine Gruppen der Rebellen. Dabei sah ich zum ersten Mal eine meiner Cousinen wieder, die mit mir mehr als drei Jahre vorher entführt worden war. Ein Lächeln huschte über mein Gesicht. Ich dachte, sie sei schon lange tot, aber sie lebte. Einer meiner schlimmsten Tage war jener im Sudan. Ich hatte den Auftrag, die Kleider des Kommandanten Atyak Okot zu waschen. Ich vergaß danach, die Kleidung abends wieder von der Leine zu nehmen. Ich erhielt zur Strafe zweihundertfünfzig Stockschläge. Neun Tage lang konnte ich nicht sitzen. Ich schlief auf dem Bauch und weinte sehr viel. Sowohl Atyak Okot als auch Okot Odhiambo sind rücksichtslose Killer. Ich erinnere mich daran, wie der LRA-Kommandant Okot Odhiambo einem zehnjährigen Jungen befahl, einem etwa dreißig Jahre alten Mann, mithilfe einer Axt den Schädel zu spalten. Alle diese schlimmen Dinge geschahen unter dem Oberbefehl von Joseph Kony. Auf Fotos lächelt er immer und macht einen respektvollen Eindruck, aber er ist ein Sadist. Er nimmt sich alle schönen Frauen und Mädchen, unabhängig von deren Alter. Es war im März 2004, als wir aus dem Sudan nach Uganda zurückkehrten. Plötzlich wurden wir aus der Luft von drei Helikoptern der ugandischen Regierung angegriffen. Etwa zweihundert Soldaten der UPDF waren auf der Suche nach uns. Wir versteckten uns im Busch, ohne uns den ganzen Tag lang auch nur ein einziges Mal zu bewegen. Ich hatte mich in einem kleinen Dickicht versteckt und verharrte regungslos. Dabei muss ich irgendwann eingeschlafen sein. Als ich erwachte, waren alle Rebellen verschwunden. Bei meinem Versuch, ihnen zu folgen, traf ich auf ugandische Soldaten. Sie nahmen mich fest, und nach drei Tagen erreichten wir die Kaserne in Adjumani. Dort brachten sie mich zum Büro der World Vision Organisation in Gulu. Nach einer Woche wurde ich in das

Rachele Rehabilitation Centre in Lira gebracht. Meine Mutter schickte mich in die Stadt, um bei meiner Tante aufzuwachsen. Um mich abzulenken, schaute ich mir Filme an und ging abends zum Sport. Gebete halfen mir am meisten. Es war schrecklich, von den Rebellen der LRA entführt worden zu sein, aber jeder Mensch hat sein eigenes Schicksal in seinem Leben zu ertragen.
Die Rebellen fügen allen Luo furchtbare Leiden zu. Bitte nehmt uns in Eure Gebete auf. Wir bitten um Unterstützung unserer Ausbildung, die durch die Rebellen plötzlich unterbrochen worden war. Beseitigt Kony, wenn es irgendwie möglich ist.

Aboke Girl

Sarah Kamya, geboren am 7. 3. 1982

Ich wurde aus dem St. Marys College in Aboke am Abend des 9. Oktober 1996 entführt. Ich ging damals in die Klasse S 2. Nach den Feierlichkeiten an der Schule aus Anlass des Unabhängigkeitstages[5] schliefen alle Schülerinnen in der Schule. Ich weiß nicht, wie die Rebellen auf das Schulgelände eindringen konnten. Ich nahm sie erst richtig wahr, als sie mir meine Hände mit Hilfe von Seilen zusammenbanden. In dieser Nacht wurden 139 Schülerinnen der Klassen S 1, S 2 und S 3 von den Rebellen in den Busch entführt. Es war schrecklich. Wir liefen die ganze Nacht über, barfuß, mit Seilen aneinander gebunden und waren hungrig. Unsere Schule war über vierzig Kilometer entfernt und die Umgebung war uns völlig fremd. Unsere stellvertretende Schulleiterin, Schwester Rachele Fassera, sie ist heute im Auftrag der Comboni-Mission[6] in Dubai, hatte die Rebellen verfolgt und noch am selben Tag bat sie

---

[5] Im Jahr 1894 hatten sich britische Kolonisten Uganda einverleibt, nach einer Vereinbarung mit deutschen Eindringlingen auf der Berliner Konferenz 1884/85, wo auf Einladung des deutschen Reichskanzlers Bismarck europäische Kolonialmächte Afrika unter sich aufgeteilt hatten. Großbritannien richtete dort einen Handel mit Sklaven ein und beutete das Land auch durch Verkauf von Elfenbein, Kaffee und Baumwolle aus. Der Widerstand ugandischer Gruppen gegen den Kolonialismus führte zunächst zu einer Aufspaltung des Landes. Es bildeten sich mehrere politische Parteien, der Druck auf die Kolonialmächte führte dazu, dass Uganda 1962 "in die Unabhängigkeit entlassen" wurde. Der Tag erster freier Wahlen am 9. Oktober ist bis heute Nationalfeiertag.

[6] Siehe http://www.combonimissionaries.org

flehend vor den Rebellen um unsere sofortige Freilassung. Tatsächlich wurden hundertneun Mädchen freigelassen und kehrten wieder sicher mit Schwester Rachele zur Schule in Aboke zurück. Ich gehörte zu den dreißig Mädchen, die bei den Rebellen bleiben mussten. Das Leben bei ihnen war hart. Manchmal musstest du töten, um nicht selbst getötet zu werden. Besonders, wenn jemand von den Entführten sich weigerte, zu töten, wurde die Person sofort selbst ermordet. Wir lebten in völliger Unsicherheit. Wir aßen alles, was wir bei unseren Überfällen in den Dörfern an Essbarem fanden. Manchmal hatten wir Glück und erbeuteten eine Ziege oder Hühner. Wir hatten nie Zeit, richtig zu kochen, weil ständig die Bedrohung durch die UPDF herrschte. Es gab nie genug zu essen und meistens aßen wir die Sachen halbroh. Wenn unsere Lage unsicher war, konnten wir kein Feuer machen und ernährten uns dann oft nur von wilden Beeren. Jeder, der überlebte, hatte außerordentlich viel Glück. In Uganda schliefen wir immer unter freiem Himmel, im Sudan bauten wir uns oft provisorische Hütten aus Spear Gras[7]. Meine Freunde waren jene Schulkameradinnen, mit denen ich entführt wurde. Joseph Kony hatte aber angeordnet, uns zu trennen und in verschiedene Rebellengruppen aufzuteilen, um die Fluchtgefahr zu verringern. Die hundertfünfzig Mann starke Rebellengruppe, der ich angehörte,

[7] Ein sehr hartes Gras, das in Trockengebieten der Erde in verschiedenen Formen vorkommt und meist in einzelnen Büscheln wächst. Einen deutschen Namen gibt es dafür nicht, ähnliche Gräser werden hierzulande zur Zierde gezüchtet.

wurde von Sam Kolo befehligt. Verwundete wurden von den "Sick Boys" versorgt. Die Rebellen selbst wurden von einem ausgebildeten Arzt behandelt, der von den Rebellen bezahlt wurde. Wenn einer der Entführten Verletzungen hatte, musste er ausharren, bis wir wieder auf Lager mit Lazaretten trafen. Manchmal konnten wir unsere Wunden nur mit etwas warmem Wasser und Salz auswaschen. Ich traf auch den LRA-Kommandanten Vincent Otti. Die Kommandanten der LRA sind Menschen, die den Befehlen von Joseph Kony bedingungslos gehorchen. Ich meine dennoch, inzwischen sind sie alle desillusioniert und glauben nicht mehr an die Verwirklichung der Pläne Konys, die Regierung Ugandas zu stürzen. Sie denken für sich selbst vermutlich ganz anders darüber. Ich lernte Joseph Kony kennen und habe mich mit ihm unterhalten. Er machte auf mich nicht den Eindruck eines bösen Mannes. Ich denke, sein verborgener schlechter Charakter steht im Zusammenhang mit seinem familiären Hintergrund. Es wird erzählt, seine Familienangehörigen seien tief im Hexenkult verwurzelt. So bezieht sich Kony darauf von Geistern dazu bestimmt zu werden, Befehle für Überfälle, Plünderungen, Entführungen und Massaker zu erteilen. Mein schönster Tag war, als ich das Imatong-Gebirge im Südsudan bestieg. Wir hatten einige Verwundete an die Hänge dieses Bergzuges gebracht, um sie dort behandeln zu lassen. Neugier trieb uns bis auf den höchsten Gipfel. Ich war glücklich und wollte nie mehr zurück zu den Rebellen. Aber ich hatte keine andere Wahl, als mit meinen Entführern wieder abzusteigen. Als Frau einen Fluchtversuch im Sudan zu unternehmen, wäre vollkommen aussichtslos gewesen. Die arabisch sprechende Bevölkerung des Nordens unterstützte Kony und fing alle Frauen wieder ein und brachten sie zurück zu den Rebellen. Dann erwarteten einen brutale Schläge oder sogar der Tod durch die Rebellen. Es war am 5. September 2004, als mir die Flucht in die Freiheit gelang. Es gab an diesem Tag ein Feuergefecht in der Nähe von Padibe in Norduganda zwischen den Rebellen und den Soldaten der UPDF. Die Soldaten waren den Rebellen zahlenmäßig weit überlegen und drängten ihre Gegner immer weiter zurück. Während die anderen Entführten gemeinsam mit den Rebellen flohen, rannte ich zu den Soldaten der UPDF über. Ich war gerettet und wurde in die Kaserne der UPDF nach Gulu gebracht. Drei Tage später war ich wieder bei meinen Klassenkameradinnen im St. Marys College in Aboke. Bei der Bewältigung meiner Erlebnisse halfen mir vor allem Gebete. Aber auch unsere Schule unterstützte uns ehemalige Entführte dabei sehr. Alle Rückkehrerinnen konnten in einem von den anderen Schülerinnen abgeschirmten Bereich schlafen.

Ich musste durch die Entführung meine Schulausbildung unterbrechen. Währenddessen hat meine jüngere Schwester die Schule abgeschlossen und verdient heute bereits eigenes Geld. Ich besuche nun immer noch die Schule mit unsicherer Zukunft; denn die Aussichten auf dem Arbeitsmarkt in Uganda sind zwischenzeitlich nicht besser geworden. Für mich waren die Rebellen alle Killer. Sie töteten andere Menschen und zwangen Entführte, ebenfalls zu morden. Ich bitte darum, dass mich jemand bei der Bezahlung meiner Schulgebühren unterstützt. Vor mir liegen noch fünf Schuljahre.

Wie Sklaven gehalten

Jessica Kasigwa, geboren am 2. 2. 1994

Ich wurde 2004 im Alter von zehn Jahren von Rebellen der LRA entführt. Wir waren zu viert unterwegs, um an einer nahe gelegenen Wasserstelle frisches Wasser zu holen. Plötzlich umringten uns acht Personen in Uniformen. Sie gaben vor, Regierungssoldaten auf einer Patrouille zu sein. Dann begleiteten sie uns bis zu der Wasserstelle. Als wir dort angekommen waren, verhafteten sie uns.

Die Rebellen teilten uns mit, dass wir nun ebenfalls zur LRA gehörten und bald zu Kämpfern ausgebildet würden. Ohne Fesseln, aber immer in einer Reihe, marschierten wir zwei Tage mit den acht Rebellen. Wir ernährten uns von rohem Maniok und Kartoffeln von den Feldern der verlassenen Dörfer. Manchmal fanden wir auch ein paar Mangos und Papayas auf unserem Weg. Dann erreichten wir eine Gegend namens Apaku. Dort verbrachten wir etwa einen Monat. Wir durchsuchten die verlassen Hütten der Dörfer in der Umgebung nach Nahrung. Die Bewohner waren schon lange vorher aus Furcht vor der LRA in die bewachten Lager (IDP) der Regierung geflohen. Nachdem wir dort keine Nahrung mehr fanden, zogen wir weiter. Nach zwei Wochen erreichten wir das Dorf Yao-Acoi. Auch dort war keine Nahrung mehr zu finden. Wir erhielten wir den Befehl, weiter nach Kilak Corner zu ziehen. Wir marschierten über zwei Wochen und durchquerten riesige Sümpfe. Wir beiden zehnjährigen Mädchen wurden dabei von zwei älteren Rebellen auf deren Schultern durch die Sümpfe getragen. An einem Wasserloch nahmen die Rebellen vier weitere Mädchen und acht Soldaten der UPDF in zerfetzten Uniformen gefangen. Auch in Kilak Corner waren bereits alle Bewohner der Gegend in die bewachten Lager der Regierung geflohen. Ihre Hütten waren verlassen und ihre Felder waren inzwischen von der Wildnis überwuchert. Wie ernährten uns dort oft nur von wilden Beeren und Früchten. In Corner Kilak wurde ich zum ersten Mal beauftragt, die Mahlzeiten zuzubereiten. Ich trug einen Topf mit kochendem Wasser von der Feuerstelle und stolperte dabei über herumliegendes Feuerholz. Dadurch erlitt ich schwere Verbrennungen an meinem rechten Oberschenkel. Einer der Rebellen kannte sich mit Brandwunden aus und behandelte mich mit Medikamenten, die aus Dörfern bei Plünderungen gestohlen worden waren. Nach einem Marsch von ungefähr zwei Wochen erreichten wir das Camp der LRA in Opyelo. Auf dem Weg dorthin vergewaltigten mehrere junge Rebellen eines der Tage zuvor an dem Wasserloch entführten Mädchen. Die anderen Rebellen jubelten dabei, während das Mädchen vor Schmerzen schrie. Die jungen Rebellen waren erst zwischen 11 und 16 Jahre alt. Es war ein Albtraum. Am nächsten Morgen sah das Mädchen ganz normal aus. Es war ein großes Lager der LRA unter dem Befehl von Kommandant Okello Yape, das wir gegen 18 Uhr erreichten. Alle Mädchen und die Frauen erhielten Bettwäsche, die vorher aus den Geschäften und Hütten der Dörfer geraubt worden war. Man teilte uns in kleine Gruppen ein und wir mussten von da an die zahllosen Plünderungen der Rebellen in den Dörfern der Umgebung begleiten. Verschlossene Türen der Hütten wurden mit Äxten eingeschlagen. Danach herrschte purer Vandalismus. Anschließend wurden die Hütten niedergebrannt. Begehrt waren Speiseöl, Kekse und Salz. Auf dem Rückweg hatten wir schwerste Lasten der Beute zu tragen. Es gab keine Toiletten, sondern wir nutzten die dichten Büsche in der Umgebung des Lagers. Baden war nur mit Erlaubnis der Anführer möglich. Wir konnten uns auch nicht die Haare und Nägel schneiden. Das Leben im Busch war sehr unhygienisch. Das Essen roher Nahrungsmittel führte zu häufigen Magenerkrankungen. Die unzähligen Moskitos infizierten uns mit Malaria und durch die nächtliche Kälte litten viele von uns an Erkältungen. Die Situation im Lager war zudem aufgrund der laufenden Misshandlungen und reihenweise Tötungen unerträglich. Schon die Weigerung, Wasser zu holen, Brennholz zu sammeln, oder zu kochen, konnte mit sofortigem Tod bestraft werden. Ständig wurden Menschen im Lager zu Tode geprügelt, zu Tode getrampelt, mit der Machete oder dem Bajonett in Stücke zerschnitten. Wir wurden wie Sklaven gehalten und ständig quälte uns Hunger. Eine Junge wurde nach einem erfolglosen Fluchtversuch vor unseren Augen bis zur Bewusstlosigkeit geprügelt. Oft wurde ein Fluchtversuch mit dem Tod bestraft. Wurde der Befehl zu einer Vergewaltigung verweigert, wurde der sich weigernde Vergewaltiger sofort getötet. Freundschaften entwickelten sich nur sehr selten und wenn, nur zu gleichaltrigen Gefangenen innerhalb der Gruppe. Wir unterhielten uns meistens über die Möglichkeiten, dieser Hölle zu entkommen, um unsere Eltern wiedersehen zu können. Die älteren Gefangenen rieten uns, unsere Eltern für immer zu vergessen, niemals zu trauern oder gar zu weinen, sondern zu versuchen, den Rebellen gegenüber zufrieden zu wirken. Die Teilnahme an den sonntäglichen Gottesdiensten allerdings war keine Pflicht. Wer Interesse hatte, konnten den Predigten unter den großen Bäumen zuhören. Ich erhielt keine Uniform, weil alle noch zu groß für mich waren. Wir jungen Gefangenen trugen Kleider aus den Beutezügen in der Umgebung. Aufgrund meines Alters wurde ich nie zum Töten gezwungen und wurde auch niemals vergewaltigt. Durch die tagelangen Fußmärsche während meiner zweijährigen Gefangenschaft wurden meine Fußsohlen steinhart und schwarz. Ich fühle durch dieses ständige Barfußlaufen bis heute keine Schmerzen mehr an meinen Fußsohlen. Egal wie lang und anstrengend die Märsche auch waren, die Frage nach einer Pause, hätte den sofortigen Tod bedeutet. Aufgrund der zahlenmäßigen Überlegenheit der Rebellen scheiterten alle Versuche der UPDF, das Lager der LRA zu stürmen.

Eines Tages wurde ich mit einem weiteren Mädchen zum Wasser holen geschickt. Ein Rebell begleitete uns, er war bewaffnet und trug eine zerrissene Uniform. Auf unserem Weg trafen wir auf einen weiteren, der wohl auf dem Rückweg von einer Patrouille war. Die beiden unterhielten sich, während wir Mädchen weiter in Richtung Wasserstelle liefen. Als wir nicht mehr in Sichtweite der beiden waren, warfen wir unsere Wasserkanister in den Busch und rannten in verschiedene Richtungen davon. Wir haben uns bis heute nicht mehr wieder gesehen. Ich betete, dass das andere Mädchen sicher in seinem Zuhause ankommen würde. Ich rannte stundenlang durch dichte Wälder. Ich schlief nur sehr kurz und aß alles, was ich auf dem Weg fand. Nach Tagen überquerte ich eine Straße und wartete, bis ein Fahrzeug kam. Ich stoppte es und erklärte dem Fahrer meine Situation. Er nahm mich mit und ich stieg an einer Kreuzung in Adwari aus. Sofort war ich von vielen Menschen umringt. Es war das Jahr 2006. Ich verbrachte anschließend noch über ein Jahr im IPD in Adwari.

Dann wurde das Camp von der Regierung aufgelöst. Sie schätzte die Region Lango inzwischen als relativ sicher ein. Ich kehrte zurück nach Odokomit, wo die Hütte meiner Eltern stand. Meine Mutter war schon zwei Jahre vor meiner Entführung gestorben. Nach einem Monat besuchte ich wieder die P 2 in unserer örtlichen Schule. Einige Mitschüler beschimpften mich ständig als Rebellenhure. Ich brach die Schule ab und blieb Zuhause. Dann nahm mich mein älterer Bruder zur Anai Primary School nach Lira mit. Dort war alles friedlich und meine Mitschüler spielten gemeinsam mit mir. Auch meine Leistungen in der Schule verbesserten sich. Ich schloss die P 7 ab und bin jetzt in meinem ersten Jahr auf der Savior Secondary School in der S 1, ebenfalls in

Lira. Mein großer Bruder passt auf mich auf und beschützt mich. Mein Vater diente als Soldat in der UPDF und wurde im Jahr 2004 in einem Gefecht mit der LRA getötet. Ich war zu diesem Zeitpunkt bei den Rebellen im Busch.

Massenmörder

Emmanuel Otim, geboren am 6. Juni 1990

Ich war in der Schule, als die LRA im Juni 2003 gegen zehn Uhr unser Dorf Katakwi überfiel. Ich wurde gegen ein Uhr nachmittags gefangen genommen. Die Rebellen befahlen mir, einen riesigen, aus unserem Dorf geraubten Truthahn zu tragen. Sie sagten uns, wir gingen in den Sudan. Im Sudan befand sich unter dem Kommando von Joseph Kony das Hauptquartier der LRA.

Am zweiten Tag unserer Flucht griff uns die UPDF in Obalanga in der Region von Teso an. Die Kommandanten der Rebellen forderten per Funk Verstärkung aus dem Basislager an. Aber den Bombardements der Hubschrauber der UPDF waren wir in unseren Verstecken hilflos ausgeliefert. Zwei meiner entführten Mitschüler wurden bei diesem Feuergefecht getötet. Es folgten weitere Gefechte, in denen die Rebellen auch der UPDF erhebliche Verluste zufügten.

Als Ritual der Rekrutierung in die LRA erhielt jeder der neuen Gefangenen hundert Stockschläge. Die größte Herausforderung für die Rebellen bestand darin, die neuen Gefangenen trotz der ständigen Attacken der UPDF innerhalb kürzester Zeit militärisch auszubilden. Man vermutet, dass über neunzig Prozent der LRA aus entführten Kindern besteht. Unsere Grundausbildung begann damit, immer wieder unsere Gewehre auseinander und zusammenbauen und dabei die Namen aller Teile auswendig zu lernen.

Innerhalb einer Woche wurden wir gezwungen, die Sprache der Rebellen zu erlernen. Acholi war das Einzige, was bei den Rebellen zu sprechen erlaubt war. Schon bei kleinen Verstößen gegen diese Anordnung erhielten wir heftige Prügel.

Meinen ersten Mord habe ich in Obalanga begangen. Ein Gefangener wollte fliehen und die Rebellen fingen ihn wieder ein. Mit einer Machete schlug ich ihm mit einem Schlag den Kopf ab. Von diesem Zeitpunkt an besaß ich kein Gewissen mehr und wurde zum Massenmörder. Doch nie verfolgten mich die Geister der Getöteten oder plagten mich deshalb Albträume.

Wir blieben für achtzehn Monate in Uganda und durchquerten das Acholiland auf unserem Weg in den Sudan. Wir erreichten die Stadt Pader nördlich von Lira. Dort befand sich eine Krankenstation der LRA. In aus den Geschäften gestohlenen Zelten wurden dort von einem ausgebildeten Arzt unsere Verwundeten behandelt. Es waren dafür auch einige Medikamente vorhanden. Manchmal wurde zur Heilung der Verletzungen auch Shea Öl oder eine Salbe aus dem Gift der Kobra verwendet. Die zwei am häufigsten auftretende Probleme im Busch waren Schussverletzungen und Malaria. Wir marschierten weiter nach Pajule und gerieten dort in einen Hinterhalt der UPDF. Von allen Seiten wurden wir unter Beschuss genommen. Aus der Luft feuerten drei Hubschrauber pausenlos auf uns. Unsere Kommandeure forderten über Funk Verstärkung an. Nach langdauernden Kämpfen gelang es unserem Anführer, Sam Kolo, mit inzwischen über dreihundert Kämpfern die Soldaten der UPDF zurückzuschlagen. Wir erbeuteten dabei einen südafrikanischen Panzer des Typs "Mamba" von der UPDF und zündeten ihn anschließend an.

Nach achtzehn Monaten in Uganda erreichten wir den Südsudan und an der Grenze übernahm die Führung der Rebellen Kommandant Vincent Otti. Ich war ab diesem Zeitpunkt Teil seines Kommandos. Da ich noch keinen Rang bei den Rebellen hatte, hatte ich keinen Anspruch auf eine Frau. Erst nach fünf Jahren als erfolgreicher Kämpfer konnte man sich das in der LRA erwerben. Rebellen, die noch keine fünf Jahre im Busch waren, mussten sich ihr Essen meist selbst zubereiten. Solange man noch keinen Soldaten der UPDF getötet hatte, war man gezwungen, barfuß zu laufen. Danach konnte man sich dessen Uniform nehmen, seine Stiefel und was er sonst noch an Habseligkeiten bei sich getragen hatte. Auf einen erfolglosen Fluchtversuch folgte der Tod.

Einmal flüchtete ein Mädchen. Sie stammte aus der Gegend von Omoro. Die Rebellen hatten sie wieder eingefangen und der Kommandant befahl uns, sie zu töten. Unter den Anfeuerungsrufen der anderen Rebellen stachen wir ihr die Augen mit unseren Bajonetten aus. Sie war auf der Stelle tot.

Wir stellten fest, dass uns das Einschmieren mit Shea-Öl veränderte. Das war so auch mit diesem Mädchen geschehen. Sie hatte auf ihrer Flucht die Orientierung verloren und darum keine Möglichkeit,

Mit dem Bajonett erstochen

David Opira, geboren am 27. März 1991

Es geschah am 12. März 2003 auf der Straße von Kotido nach Lira. Ich war damals Schüler der Grundschule. Mit einigen meiner Mitschüler war ich gerade auf dem Heimweg nach Lira, als wir in einen Hinterhalt der LRA gerieten. Zwei meiner Freunde wurden auf der Stelle getötet. Zwei Mitschülern gelang die Flucht. Ein Radfahrer, der gerade zufällig vorbeifuhr, wurden erschossen. Die Rebellen durchsuchten anschließend seine Leiche und fanden ein Bündel mit Geldscheinen bei ihm. Mein Vetter, der uns auf dem Weg begleitet hatte, wurde ebenfalls umgebracht, am späten Nachmittag.

Ich diente für zwei Monate unter dem LRA-Kommandanten Ochan Lwete. Ich hatte keine konkrete Aufgaben. Meine einzige Pflicht bestand lediglich darin, ihn ständig zu begleiten. Er behandelte mich gut. Einige der Rebellen, die schon länger bei der LRA waren, wurden neidisch auf mich und schmiedeten heimlich Pläne, mich zu töten. Als mein Kommandant Lwete davor erfuhr, warnte er die Rebellen vor der Umsetzung ihres Planes.

Er hatte das Kommando über eine Gruppe von über zweihundertfünfzig Rebellen. Wir überfielen mehrere Dörfer in der Region Teso und plünderten sie vollständig aus. Bei einem der Überfälle stach unser Truppenführer Komakech eigenhändig 26 Zivilisten mit dem Bajonett nacheinander zu Tod.

den Rebellen zu entkommen.

Wir wurden täglich geschlagen und gezwungen, nach den Plünderungen sehr schwere Lasten zu tragen. Wir marschierten oft Tag und Nacht barfuß durch dorniges Dickicht. Zurückbleiben wurde durch den Kommandanten mit dem sofortigen Tod bestraft. In solchen Fällen wurden keine Kugeln verschwendet. Man nannte das: "Lasst ihn (oder sie) ruhen". Das bedeutete den Tod.

Hatten wir tiefe Sümpfe zu durchqueren oder mussten wir Flüsse überqueren, fassten wir uns alle an den Händen oder banden uns mit Seilen zusammen.

Im Sudan waren die Bedingungen weitaus schwieriger als in Uganda, wo durch Plünderungen meist ausreichend Nahrung und Wasser zur Verfügung stand. Unter Kommandant Vincent Otti marschierten wir dort drei Tage lang ohne Nahrung und einen Tropfen Wasser. Schließlich fanden wir ein paar Kräuter und Wasser, das sich in Vertiefungen angesammelt hatte.

Eine der Gesellschaften im Sudan waren die Lotuko. Sie bauten fast ausschließlich Sorghum auf ihren Feldern an. Alle Menschen im Sudan waren bewaffnet, darum waren Plünderungen stets mit harten Kämpfen verbunden und oft sehr verlustreich für die Rebellen. Ich erhielt einmal einen Schuss in den rechten Arm und musste mein Gewehr fallen lassen. Meine Beute hielt ich weiter fest, um später keine Prügel für deren Verlust zu erhalten. Ein Rebell neben mir, er trug einen schweren Sack voller Hirse, wurde von einer Gewehrkugel zerschmettert.

In der folgenden Nacht erreichten wir das Lager der LRA und wurden von Joseph Kony in Zivilkleidung begrüßt. Kony trug eine grüne Hose, ein blau kariertes Hemd und einen Rosenkranz um seinen Hals. Er wirkte noch ziemlich jung, eher klein, schlank und machte einen sympathischen und durchtrainierten Eindruck. Immer war er unter der Obhut seiner Leibwächter und schwor, die Regierung Musevenis zu stürzen. Gleichzeitig warnte er uns vor Fluchtversuchen und befahl, alle Anweisungen strikt zu befolgen. Kommandant Vincent Otti wurde von Kony für seine disziplinierte und erfolgreiche Führung gelobt. Er sprach über ihn nur als seinem "geliebten Sohn".

Vermutlich am 2.Oktober 2007 wurde Vincent Otti nach Anweisung von Joseph Kony im LRA-Lager bei Garamba in der Demokratischen Reublik Kongo erschossen.

Von Joseph Kony war seine Vorliebe für hübsche Mädchen und Frauen bekannt. Seine Kommandeure führten ihm unzählige extra für ihn ausgewählte Mädchen zu.

Nach der Ansprache von Joseph Kony wurden wir vor unserer Rückkehr nach Uganda, durch Untertauchen in Wasser einem Reinigungsritual unterzogen.

Vincent Otti führte uns dann wieder bis an die Grenze nach Uganda zurück. Zu diesem Zeitpunkt verhandelte die Regierung von Uganda in Friedensgesprächen mit Vertretern der LRA und es gab vorübergehend einen Waffenstillstand.

An der Grenze zu Uganda trafen wir auf Soldaten der UPDF. Wir Rebellen schüttelten die Hände der

Regierungssoldaten und es herrschte eine fa
freundschaftliche Atmosphäre. Wir genossen c
Zeit der Waffenruhe zwischen den verfeindeten L
gern und warteten neugierig auf das Ergebnis c
Friedensgespräche. Dann erfuhren wir, dass Jose
Kony seine Unterschrift unter die Verträge verw
gert hatte.

In einem Wildpark in der Nähe der Stadt Karur
wurden wir wieder in erste Gefechte mit der UP
verwickelt. Wir plünderten mehrere Dörfer und ve
steckten uns vor den Angriffen der UPDF im Pa

Im Bezirk von Amuru griffen uns die Soldaten r
schweren Maschinengewehren und Hubschraube
aus der Luft an. In diesem Gefecht gab es die höch
ten Verluste aufseiten der Rebellen, die ich jem
miterlebte. Wenigen von uns gelang im Chaos di
ses heftigen Gefechtes die Flucht. Es waren e
Mädchen aus Odokomit, ein Mädchen aus Kitgu
und ich von Lira.

Die Angestellte einer Nichtregierungsorganisati
brachte uns zum Büro der World Vision in Gulu. V
erhielten dort eine therapeutische Traumaberatur
während unsere Eltern über unsere Rückkehr inf
miert wurden. Ich lebe heute wieder in Lira und b
suche dort die Schule.

Bei den Überfällen wurde auch ein fünfzehn Jahre altes Mädchen entführt. Einer nahm sich das Mädchen einfach zu seiner Frau. Ich hasste ihn dafür, denn er war sehr böse, ausgesprochen hässlich und schon sehr alt. Eines Tages befahl er dem Mädchen, Wasser zum Baden für ihn zu holen. Anschließend in der Badewanne liegend sagte er ihr direkt ins Gesicht, dass sie bald sterben müsse. Am Abend rief er mich zu sich und befahl mir, dieses Mädchen zu töten. Erst dachte ich, er mache einen üblen Scherz und lachte lauthals, während ich meinen Kopf schüttelte. Er drehte sich zu mir und schlug mich brutal ins Gesicht. Dann befahl er es mir ein zweites Mal. Ich weinte so sehr, aber ich konnte mich nicht gegen den Befehl wehren. Er reichte mir eine Hacke. Ich schlug sie damit solange in ihren Unterleib, bis sie unter lautem Schreien starb.

Von diesem Zeitpunkt an begann ich, mich selbst zu hassen und ich schwor mir, bei der ersten Gelegenheit zu fliehen. Das war der Beginn eines neuen Abschnitts in meinem Leben bei den Rebellen. Ich war zu einem gemeinen Mörder geworden.

Noch in der Nacht marschierten wir in Richtung Region Pader im Acholiland. Dort gerieten wir in einen Hinterhalt der UPDF-Soldaten. Viele unserer Kämpfer starben, darunter auch mein bester Freund, Sam Masaba. Sein Geist verfolgte mich seitdem und riet mir ständig, nach Hause zu gehen.

Ich tötete noch mehr Menschen.

Kommandeur Ochan Lwete war wirklich ein netter Mensch. Er erklärte mir, wie man ein Funksprechgerät bedient, aber warnte mich, zu flüchten. An einem

Tag brachte ich ihm eine Fackel, die ich extra für ihn hergestellt hatte. Er nahm mich daraufhin mit zu einer Zuckerrohr-Plantage und wir kehrten mit mehreren Bündeln Zuckerrohr zurück in unser Lager. Er lobte mich als einen guten Rebellen. An diesem Abend durfte ich mit ihm gemeinsam an einem Tisch gebratenes Hühnchen essen. Das war absolut außergewöhnlich für das Leben im Busch. Durch sein Vertrauen war ich allein verantwortlich für das Abhören der Radiosendungen, die hauptsächlich aus Lira im Camp empfangen werden konnten. Ich musste ihn ständig über die aktuellen Entwicklungen der Kämpfe zwischen LRA und UPDF informieren. Ich berichtete ihm meist nur über Erfolge der LRA.

Unsere Gruppe hatte den Namen "Shampoo". Es war eine mobile Kampfeinheit. In Adilang war eine weitere Basis der LRA in Uganda. Dort wurden viele Rebellen zu Kämpfern ausgebildet.

Rekruten wie ich waren nachts der Kälte des Dschungels ausgesetzt, auch wenn es regnete. Wir mussten unser Essen allein zubereiten. Mein Freund Francis James und ich waren verantwortlich für das Wohlbefinden unserer Kommandeure. Wir waren ihr ständiger persönlicher Begleitschutz und kochten sogar für sie. Ich erzählte meinem Freund Francis, dass ich den Zeitpunkt für eine gemeinsame Flucht für gekommen hielt. Lange Zeit hatte er sich der dagegen gewehrt, inzwischen war er aber ebenfalls bereit, von den Rebellen zu fliehen.

Nach einem gemeinsamen Abendessen unserer beiden Kommandeure fragte ich, ob ich für einen

Toilettengang in den Busch gehen könne. Jeder Gang außerhalb des Camps, gleich ob zur Toilette, um Wasser zu holen oder Feuerholz zu sammeln, wurde immer von einem bewaffneten Rebellen begleitet. Mein Freund Francis sollte mich an diesem Abend begleiten. Wir trugen beide unsere Gewehre und kehrten nie wieder in das Lager der LRA zurück. Wir rannten, so schnell wir konnten und überquerten noch in der Nacht den Fluss Agogo.

Auf unserer Flucht trafen wir auf andere Rebellengruppen der LRA. Sie dachten, wir seien auf Patrouille und schöpften keinen Verdacht. So erreichten wir das IDP-Camp in Adilang, von dem aus mein Freund Francis einst entführt worden war.

Ich blieb noch für einige Zeit bei ihm in der Hütte seiner Familie, dann brachten sie mich nach Lira.

Wieder zuhause verfolgten mich die Geister der von mir getöteten Menschen. Erst nachdem meine Eltern für mich ein Treffen mit einem Prediger organisierten, verschwanden die Geister und es geht mir wieder gut.

Die vierte Kommandantenfrau

Janet Otala, geboren am 2. Januar 1985

Ich wurde im Jahr 2003 entführt. Es war am Abend, gegen acht Uhr. Wir waren auf dem Weg zu unserem Versteck. Das Versteck war der Platz, wo wir Jugendliche heimlich unsere Nächte verbrachten.

Sie hielten uns fest und fesselten uns. Sie zwangen uns zur Fluch mit ihnen über mehrere Tage und Nächte. Wir durchquerten Flüsse, Sümpfe, Täler und Wälder bis wir ihr Camp Achol-Pii erreichten. Fünf der Entführten ertranken unterwegs bei Versuchen die Flüsse zu überqueren. Wer in Acholi-Pii an Zuhause denkt, wird entweder geschlagen, oder gleich getötet. Wenn sie dich weinen sehen, rufen sie dich und bitten, zu erklären, warum du weinst. Wenn du sagst, dass du an Zuhause denkst, rufen sie Soldaten, um dich dorthin zu begleiten, wohin du zurück willst. Auf dem Weg werden sie dich töten. Wenn du zu fliehen versuchst, verfolgen sie dich und wenn sie dich erwischen, dann bringen sie dich zurück und lassen dich zu Tode schlagen. Im Lager war es am besten, sich keinerlei Gedanken zu machen.

Ich wurde in Apala entführt. Dass es Rebellen der LRA waren, erkannte ich an ihrer Sprache. Sie trugen alle Gewehre, Macheten, Äxte und lange Stöcke. Am Anfang glaubte ich, die Strapazen niemals zu überleben. Auf dem Marsch fand ich in meinen Gebeten zu Gott Ruhe und Zuversicht. Die Rebellen hatten in jener Nacht Erbsen, Bohnen, Maniok und Hühner gestohlen und wir wurden gezwungen das Diebesgut zu tragen. Ich trug einen schweren Sack mit Bohnen über meiner Schulter und versuchte auf unserem Weg vergeblich, die Anzahl der Rebellen und Entführten festzustellen. Sie prügelten während des ganzen Marsches ständig mit ihren Stöcken auf uns ein.

Achol-Pii befand sich in der Nähe der Stadt Okwang im Distrikt Pader. Wir erreichten das Lager im Morgengrauen. Wir Neuankömmlinge wurden durch heftige Schläge der LRA-Rebellen aus dem Lager begrüßt. Am späten Vormittag saßen wir immer noch in einer Reihe aneinander gefesselt auf der Erde und beobachteten das Treiben im Lager. Dann wurden wir Mädchen zu dem Kommandeur des Lagers gebracht. Der wählte die schönsten Mädchen für sich aus. Ich wurde auch ausgewählt. Die anderen Mädchen wurden weiteren Kommandanten, verdienten und langjährigen Kämpfern oder der Küchenarbeit zugeteilt. Einige gingen Wasser holen, andere suchten nach Feuerholz, ständig begleitet von bewaffneten Rebellen. Andere blieben im Lager, um Bohnen, Maniok und Posho für die einfachen Kämpfer zu kochen. Für die Kommandanten wurde Hühnchen-, Rind- und Ziegenfleisch zubereitet.

An Essen mangelte es uns immer und es gab keine Möglichkeit, sich zu waschen. Die häufigsten Krankheiten, die im Lager herrschten, waren Hautausschläge, Läuse, Erkältungen und Malaria. Auch den Gang zur Toilette im Busch begleiteten immer bewaffnete Rebellen. Ich kann mich noch genau an den Fluchtversuch eines Jungen erinnern. Er war an einem Nachmittag auf dem Weg zum Wasserholen davongerannt. Die Rebellen folgten ihm und schleppten ihn wieder zurück in das Lager. Wir mussten ein Loch für ihn in die Erde graben. Sie zwangen den Jungen, sich hineinzulegen. Sein Kinn lag auf dem Rand der Grube, als sie ihm mit einem Gewehrkolben den Schädel einschlugen.

Ich wurde die Frau des obersten Kommandanten im Lager. Wir hatten eine Hütte am Rand, abseits der Notbehelfe der anderen Gefangenen. Sie war sehr einfach und ohne jegliche Intimsphäre. Ich war seine vierte Frau. Die anderen hatten bereits Kinder von ihm. Als seine neue Frau wurde ich am Anfang ständig vergewaltigt. Es gab keine Intimsphäre. Während er mich vergewaltigte, sahen seine anderen Frauen zu. Die Vergewaltigungen traumatisierten mich und ich hatte öfter Unterleibsschmerzen. Allerdings wurde ich von ihm nicht infiziert und auch nicht wie die anderen Frauen schwanger.

Rituale waren obligatorisch. Sie verwendeten dafür Sheabutter, gemischt mit einer blutähnlichen Substanz. Diese Handlungen stellten eine Art auf Aufnahmeritual in die LRA dar.

Das Lager war ständig Ziel von Angriffen der UPDF. Im Jahr 2003 startete die Armee am frühen Morgen einen Großangriff auf das Lager der Rebellen. In dem heillosen Durcheinander gelang mir nach einem Monat die Flucht. Ich lief und kroch abwechselnd in Richtung Front der heranrückenden UPDF und ergab mich den Regierungssoldaten.

An diesem Tag gelang fünf weiteren Mädchen

und Jungen die Flucht. Die Soldaten brachten uns nach Gulu. Wir verbrachten zwei Wochen in der Kaserne der UPDF in Gulu. Danach fuhren sie uns in unsere Heimatbezirke. Nach zwei Tagen erreichten wir Lira und ich wurde den Beamten in Apala übergeben. Sie informieren meine Eltern und meinen Ehemann.

Ich besuchte zum Zeitpunkt meiner Entführung die Klasse P 7 und war damals achtzehn Jahre alt. Die schrecklichen Erinnerungen an meine Zeit im Busch begleiten mich noch heute. Sie verschwinden nur sehr langsam. Durch das ständige und lange Tragen von schweren Lasten im Busch leide ich seither dauernd an Schmerzen in meiner Brust.

Gerade bin ich zum fünften Mal schwanger.

Als ich 2003 von den Rebellen entführt wurde, sorgte sich meine Großmutter während jener Zeit um meine vier Kinder, besonders um meine damals erst zwei Jahre alte Tochter.

Man kann nichts machen. Wir sind allein auf die Ernte unseres kleines Feldes in der Nähe unserer Hütte angewiesen. Wir freuen uns über jede Hilfe, damit unsere junge Familie eine Zukunft bekommt.

Menschenfleisch im Topf

David Kakooza, geboren am 9. Februar 1986

Es waren nur noch wenige Tage bis zum meinem sechzehnten Geburtstag. Ich war auf dem Weg in die Stadt, um etwas Paraffin für unsere Öllampe und Seife einzukaufen. Es war der 2. Februar 2002. Ich erkannte sofort, dass es Rebellen waren, und rannte davon. Doch sie holten mich ein und schlugen mich mit ihren Stöcken und Gewehren. Sie drohten, mich zu töten, wenn ich noch einmal versuchen sollte, zu fliehen.

Man gab mir fünf Hühner zu tragen und wir überquerten die Straße, die Lira und Kitgum miteinander verbindet. Nicht alle Rebellen hatten Gewehre, viele waren mit zugespitzten Holzstöcken bewaffnet. Es war alles ziemlich grotesk. Ich lief von meinem Zuhause davon, in der Gesellschaft von Rebellen mit Dreadlocks und völlig verdreckter Kleidung.

Das Leben im Busch war sehr hart und entbehrungsreich. Wir wurden morgens geweckt und mussten gleich losmarschieren. Es gab keine Zeit für private Dinge, es waren immer nur die Befehle der Kommandanten auszuführen. Das war die einzige Chance, um zu überleben. Es war die reine Sklaverei.

Wir raubten der Bevölkerung das Getreide aus Kornspeichern. Von den Feldern stahlen wir Mais, Bohnen, Maniok, Kartoffeln und nahmen Ziegen und Hühner mit. Dennoch litten wir ständig Hunger. Es wurde immer alles gegessen, was die Rebellen an uns verteilten. Wasser wurde bei jeder sich bietenden Gelegenheit aus Sümpfen und Flüssen gesammelt. Ich hatte zum Glück eine kleine Plastikflasche.

Wir waren drei Freunde im Busch, aber wir konnten uns nur heimlich miteinander unterhalten. Die Rebellen vermuteten sonst, dass wir gemeinsam eine Flucht planen würden und das bedeutete meist den sofortigen Tod oder schreckliche Prügel.

Wir waren etwa achtzig Rebellen in meiner Gruppe und bis auf ungefähr zwanzig Personen waren alle mit Gewehren und Pistolen bewaffnet. Ich wurde von Kommandant Okot Atyak an der Waffe ausgebildet und erhielt anschließend eine eigene Pistole.

Zum ersten Mal benutzte ich sie, als ich gezwungen wurde, einen etwa dreißig Jahre alten Mann zu erschießen. Er hatte erfolglos versucht, zu fliehen und ich erhielt den Befehl, ihn zu töten. Danach benutzte ich die Waffe bei vielen Überfällen und Plünderungen in Dörfern.

Für zwei Monate besaß ich ein eigenes Moskitonetz, dann musste ich es an eine schwangere Frau abgeben. Ich bin während meiner Zeit im Busch nie an Malaria erkrankt.

Die Kommandanten, verdiente Kämpfer, Frauen und Kinder wurden bei Erkrankungen bevorzugt behandelt. Die Jungen und Männer mittleren Alters wurden meist schlecht, oder gar nicht medizinisch versorgt. Oft hat man sie zum Sterben einfach zurückgelassen. Besonders bei Schussverletzungen gab es viele Tote. Entweder die Wunden heilten von alleine, oder man erlag ihnen. Jeder Zweite hatte durch die langen Märsche geschwollene und blutige Füße. Auch Personen, die Gummistiefel trugen, litten darunter, weil sie es nicht gewohnt waren, darin stundenlang durch den Busch zu marschieren.

Joseph Kony ist ein gnadenloses Monster. Manche Leute erzählen, er sei ein Geist, der sich in Tiere verwandeln und in Luft auflösen könne.

Haben Sie jemals von Menschenfressern gehört? Kony hat uns einmal befohlen, Menschen zu töten und zu zerschneiden, um sie danach in Töpfen zu kochen. Dann zwang er deren Verwandte, sich an dem Mahl zu beteiligen. Ich bin wirklich zusammengebrochen, als einmal Menschenteile auf dem Feuer zubereitet worden sind.

Kony kann nur noch die Erlösung durch Gott helfen. Er hat den Tod unzähliger unschuldiger Menschen befohlen, darunter waren so viele Kinder und junge Mädchen. Auch seine Kommandanten Sam Kolo und Okot Atyak morden und plündern in seinem Auftrag.

Wir gerieten zwischen den Städten Padibe und Kitgum in ein Feuergefecht mit den Soldaten der UPDF. Dabei gelang mir die Flucht. Die meisten Rebellen waren weggerannt, einige versteckten sich vor den Bomben der Kampfhubschrauber der UPDF im Dickicht. Ich warf mein Gewehr weg und ergab mich den Regierungssoldaten. Zuerst wurde ich für eine Betreuung zu der Organisation der World Vision in Gulu gebracht, bevor ich wieder mit meiner Familie in Kitgum vereint wurde.

Heute spiele ich bei jeder Gelegenheit Fußball, lese regelmäßig in der Bibel.

Stimmen aus dem Busch

Isaac Bagire, geboren am 4. April 1991

Im Alter von elf Jahren wurde ich eines der Opfer des seit über 25 Jahren währenden Konfliktes mit der LRA in Norduganda. Wir waren in der Schule, als uns Gerüchte über Rebellen der LRA in der Nähe unseres Dorfes erreichten. Unsere Lehrer waren nervös. Am späten Nachmittag verschärfte sich die Situation, als es Informationen gab, die Rebellen seien bereits im Ort Opit in der Nähe der Stadt Gulu.

Einige Eltern erschienen in der Schule und forderten die sofortige Beendigung des Unterrichts. Sie berichteten den Lehrern, dass die Rebellen sich weiter in Richtung unserer Schule bewegten und die UPDF bereits die Verfolgung aufgenommen habe. Auch meine Eltern und fast alle anderen Menschen aus unserem Dorf waren inzwischen zur Schule gekommen, um uns vor Entführung durch die Rebellen zu schützen. Kurze Zeit später hatte die UPDF die LRA bereits in Feuergefechte verwickelt und die Rebellen waren zurückgewichen.

Es war gegen sieben Uhr abends, als plötzlich in unserer Nähe Schüsse zu hören waren. Wir rannten um unser Leben in die Nacht. Die Schüsse waren nur noch einen Kilometer von uns entfernt. Nach einigen Kilometern Flucht bemerkten wir, dass wir uns inmitten flüchtender Rebellen befanden. Sie trugen Zivilkleidung und in der Dunkelheit waren wir in die gleiche Richtung geflüchtet.

Kurz vor Mitternacht trieben sie alle Zivilisten in einem Gebäude zusammen. Dort waren ungefähr dreißig Bewohner aus unserem Dorf. Meine Mutter und meine Geschwister befanden sich in einem anderen Gebäudeteil. Ich legte mich in die äußerste Ecke des Raumes. Vor lauter Erschöpfung fiel ich in einen tiefen Schlaf, trotz Angst vor den Rebellen.

Bis heute weiß ich nicht, was in dieser Nacht alles geschah. Am nächsten Morgen wurde ich durch die ersten Sonnenstrahlen geweckt. Es war außer mir niemand mehr im Raum. Ich war allein und schlief weiter.

Das grelle Licht der Taschenlampe eines Rebellen in meinem Gesicht weckte mich wieder. Mir fiel auf, dass ich immer noch meine Schuluniform trug. Sie banden mir ein Seil um die Hüfte und zerrten mich daran nach draußen. Mir war kalt und ich sah, dass über fünfzig andere Menschen aus unserem Dorf, darunter viele Verwandte, vor dem Gebäude versammelt waren.

Die Rebellen befahlen uns, geraubte Lebensmittel und Gegenstände aus unserem Dorf zu tragen. Wir marschierten in Richtung der Stadt Aswa, in deren Nähe sich ein Lager der LRA befand.

Wir Gefangene wurden dort mit schweren Schlägen von den Rebellen empfangen. Ich erhielt über zweihundert Stockschläge mit der Begründung, das gehöre zum Beginn meiner bald folgenden militärischen Ausbildung bei der LRA. Aus Angst vor Angriffen der uns verfolgenden Soldaten der UPDF schliefen wir in den folgenden Wochen wenig.

Die kurzen Mahlzeiten wurden immer von den

Frauen und Mädchen zubereitet. Wir aßen Bohnen und Maniok, das noch von den Feldern unseres Dorfes stammte. In Uganda schöpften wir Wasser aus den Sümpfen. Im Sudan fanden wir Wasser, das sich in Höhlen und Vertiefungen von Ästen angesammelt hatte.

Nach den Regeln der LRA war Sex unter den Gefangenen streng verboten. Die Frauen und Mädchen waren ausschließlich den Kommandanten und langjährigen Kämpfern vorbehalten.

Zu fliehen wurde als Straftat angesehen. Wenn man es versucht hatte und eingefangen worden war, wurde man zu Tod gesteinigt. Das wurde vor den Augen der anderen praktiziert, um sie von Fluchtversuchen abzuhalten.

Wir schliefen draußen in der Kälte der Nacht, auch bei Regen. Nur die Kommandanten schliefen geschützt in Zelten.

Einige der Mädchen waren von den Rebellen bereits schon an der Waffe ausgebildet worden. Auch ich erhielt bald in einem dichten Wald in der Nähe von Gulu eine vierwöchige militärische Ausbildung.

Danach marschierten wir in Richtung der Stadt Soroti in der Region Teso. Dort sollte unsere erste Aufgabe darin bestehen, die Bewohner der Region in die IDP-Camps zu vertreiben. Dann sollte ein Lager der LRA in Soroti installiert werden, um von dieser Basis aus Überfälle in Richtung der Stadt Mbale unternehmen zu können.

Auf unserem Weg nach Soroti wurde unsere Gruppe in der Ortschaft Kabalanga in ein schweres Gefecht mit der UPDF verwickelt. Der Kampf dauerte über eine halbe Stunde und viele der Rebellen verloren während dieser Auseinandersetzung ihr Leben. Es war der schrecklichste Kampf, den ich bei den Rebellen miterlebte. Dabei wurde einer der Anführer der LRA nach Joseph Kony, Kommandant Charles Yardin Tabuley, von Soldaten der UPDF erschossen. Nur Gott weiß, wie ich diese Schlacht überlebt habe.

In den folgenden vier Monaten versuchten wir ständig, den Truppen der Regierungssoldaten in der Umgebung von Soroti auszuweichen.

Dann zogen uns vor deren Angriffen in Richtung Sudan zurück.

Durch die ständige Gefahr von Luftangriffen war keine Zeit, um Nahrung am Feuer zuzubereiten. Unsere Gruppe wurde immer schwächer.

Viele litten unter Malaria, Hautkrankheiten und Läusen. Es gab keine medizinische Versorgung für uns Gefangenen. Dazu kam die ständige Gefahr durch Attacken der Arrow Boys, einer lokalen Miliz in der Region Teso, die an der Seite der UPDF kämpften.

Unsere Anführer erhielten über Funk von Joseph Kony den Befehl, ihm in den Südsudan zu folgen. Der Marsch dorthin war sehr strapaziös und dauerte über einen Monat. Wir durchquerten Gebirge, Täler, dichte Wälder und tiefe Flüsse. Wer aufgrund von Schwäche oder Verletzungen nicht mehr weiter gehen konnte, wurde am Weg für die Hunde zum Fraß liegen gelassen. Kinder, die der Gruppe nicht mehr folgen konnten, wurden auf der Stelle getötet.

Nach über vier Wochen erreichten wir das Lager der LRA im Südsudan.

Ich sah dort Joseph Kony. Sein Körper war mit Narben übersät und er machte auf mich den Eindruck eines jungen und dynamischen Kämpfers. Er war eine imposante Erscheinung und war ständig umgeben von mehreren seiner zahlreichen Frauen, während seine Leibwächter immer einen gewissen Abstand zu ihm hielten. Er unterhielt sehr gute Beziehungen zur Regierung des Sudans. Deren Präsident, Umar Hasan Ahmad al-Baschir, unterstützte Kony durch militärische Ausbildung, viele Waffenlieferungen und Lebensmittel. Die Lieferungen wurden mit schweren Lkws aus dem Norden in die größeren Städte des Südsudans gefahren und dort an die Rebellen der LRA verteilt.

Die Gesellschaft der Dinkas dagegen unterstützten die Soldaten der ugandischen Regierung von Präsident Yoweri Kaguta Museveni. Das Ergebnis waren ständige Konflikte. So ereigneten sich viele Auseinandersetzungen auf der Suche nach Nahrung und bei Viehdiebstählen.

Kony versprach seinen Kämpfern nach dem Sturz der ugandischen Regierung gute Arbeitsplätze und eine gesicherte Zukunft. Er forderte alle Personen im Lager dazu auf, die regelmäßig stattfindenden Gottesdienste zu besuchen, auch seine obersten Befehlshaber wie Sam Kolo, Kenneth Banya und Vincent Otti.

Wir verbrachten zwei Monate im Camp der LRA im Sudan. Die Bedingungen dort waren sehr hart. Es war nie genug Nahrung vorhanden und nur in der Regenzeit war ausreichend Wasser zu finden. Um nicht zu verhungern, überfielen wir lokale Gesellschaften in der Umgebung und raubten ihnen ihr Vieh.

Es gab viele Tote während des Aufenthalts im Sudan. Kony und seine führenden Kommandeure beschlossen, einen Teil der Rebellen wieder nach Uganda zurückzuführen. Wir wurden vorher von einer Gruppe Rebellen in die Berge geführt. In einem Tal mit dem Namen Kit mussten wir uns einer rituellen Zeremonie der LRA unterziehen, bevor wir wieder Richtung Uganda marschierten. Kony befahl uns, die Gesetze der LRA strikt zu befolgen, um so wieder lebend Uganda zu erreichen.

Direkt an der Grenze zu Uganda gerieten wir in einen Hinterhalt der UPDF. Viele Rebellen wurden dabei getötet. Ich erinnerte mich wieder an die Worte von Kony. Wir überquerten die Grenze nach Uganda und erreichten die Stadt Adjumani in der Region West-Nile. Auch dort trafen wir auf heftigen Widerstand der UPDF und viele meiner Freunde starben.

Mich beschützte Gott während meines Lebens im Busch, auf meiner Flucht und bis zum heutigen Tag.

Von Adjumani zogen wir weiter in Richtung des Ortes Pabo und lagerten in der Stadt Atiak, als wir wieder von der UPDF angegriffen wurden. Viele Rebellen starben wie die Heuschrecken.

Die Führung der Rebellen beschloss als Racheakt, alle Soldaten der umliegenden Kasernen und sämtliche Bewohner der IDP-Camps, unabhängig davon, ob sich dort Eltern oder Angehörige aufhielten, zu überfallen und zu töten. Als Erstes wurde das IDP-Camp Lukome in Gulu von uns angegriffen. Es sollte mein erste aktive Teilnahme an einem Gefecht seit meiner Entführung sein. Ich kniete nieder und betete zu Gott: "Das ist nicht mein Wille. Bitte vergib mir, dass nicht jeder Mord zur Sünde wird".

Vor dem Angriff wurden wir mit Sheanussbutteröl eingerieben. Sie banden um unseren linken Arm ein aus Pflanzen hergestelltes Band. Aus Palmblättern wurde ein anderes für unseren rechten Arm geflochten, das in ein "kostbares" glänzendes Gel getaucht worden war. In ein kleines Fläschchen wurde gekochtes Öl gefüllt, das sich verfestigte hatte und darum nicht mehr auslaufen konnten. Alle diese Gegenstände sollten uns während der Gefechte mit der UPDF beschützen. Es ärgerte uns, dass die Medizinmänner, nachdem sie die Zeremonie mit uns durchgeführt hatten, offen sagten, dass die meisten von uns nicht mehr lebend zurückkommen würden. Ihre Prophezeiung wurde kurz darauf wahr.

Das Gewehr ist deine Mutter und dein Vater, sonst niemand.

Wir achteten kein Leben, selbst nicht das von Eidechsen oder Ratten. Wir durchkämmten das ganze Gebiet. Wir erreichten bald das IDP-Camp, das von Kasernen der Soldaten umgeben war. Am Spätnachmittag spielten einige Soldaten gemeinsam mit den Menschen aus dem Lager Fußball. Sie bemerkten uns nicht, als wir das Feuer auf sie eröffneten. Zehn Soldaten waren auf der Stelle tot. Überall begannen, die Hütten des Camps und die Baracken der Kasernen zu brennen. In kurzer Zeit lagen unzählige Leichen von Soldaten und Zivilisten auf der Erde.

Am frühen Abend startete die UPDF daraufhin einen Gegenangriff. Überall flogen Kugeln durch die Luft. Aus Helikoptern wurde ständig auf uns gefeuert und es brannte überall lichterloh. Es schien kein Entkommen mehr zu geben.

Nur durch Gottes Barmherzigkeit blieben einige von uns am Leben. Ich weiß bis heute nicht , wie ich dieser Hölle ohne Schussverletzung entkommen bin.

Nach diesem Kampf flüchteten wir in Richtung der Stadt Kitgum und standen bald vor dem Ufer des Flusses Aswa. Der war wegen seiner starken Strömung und gefährlicher Stromschnellen eine weitere tödliche Gefahr.

Wir mussten erkennen, dass ausschließlich Rebellen mit Gewehren, die bei dem Durchqueren in Schwierigkeiten gerieten, von den anderen Rebellen gerettet wurden. Einige von uns, die nur Lasten auf ihren Schultern trugen und von der Strömung mitgerissen wurden, ertranken hilferufend unter dem Jubel der am Ufer zuschauenden Rebellen.

Wir flüchteten auf einem schmalen Pfad. Viele Gedanken gingen mir durch den Kopf. Mit meiner Maschinenpistole und einem Beutel voll Geldmünzen hatte ich schwer zu tragen. Ich ging immer langsamer und Viele der Gruppe liefen an mir vorbei.

Wir kamen in die Nähe der Stadt Kitgum.

Ich fühlte mich leer und frustriert. Ein normales Leben war unerreichbar weit entfernt und ich dachte an den Tod. Während dieser Gedanken wurden meine Schritte noch langsamer. Plötzlich stellte ich fest, dass die anderen Rebellen mich inzwischen alle überholt hatten. Hinter mir folgten nur noch die Bewacher. Ich erkannte darin meine Chance zur Flucht.

Jetzt oder nie! Die restliche Gruppe war auf dem schmalen Pfad vor mir nicht mehr zu sehen. Die Bewacher hinter mir waren noch nicht in Sichtweite.

Ich hielt kurz an und sprang mit fünf großen Schritten seitlich in das Dickicht. Ich hatte immer noch die Münzen und meine Kalaschnikow bei mir. Ich legte den Beutel mit dem Geld unter einem Baum und trat zwei Schritte zur Seite. Ich kniete mich nieder, versteckte mich im dichten Gebüsch und lud mein Gewehr durch.

Als die beiden letzten Bewacher die Stelle erreichten, an der ich ins Gebüsch gesprungen war, blieben sie stehen. Ich hörte einen von ihnen sagen, dass dort jemand in der Nähe sei. Der anderer Rebell erwiderte, die Gruppe sei weit voraus und man müsse sich beeilen, sie wieder einzuholen.

Ich schwor zu Gott, sollten sich die Bewacher entscheiden, nach mir zu suchen, die beiden Rebellen zu töten.

Ich ließ den Beutel mit den Geldmünzen unter dem Baum zurück und nahm nur meine AK 47 mit drei vollen Magazinen mit. Wie konnte ich aber den Fluss ohne Seil durchqueren? Mein erster Gedanke war, mich an jener Stelle zu erschießen. Ich begann zu beten, um Gott zu fragen, ob ich so mein Leben beenden dürfe. Bilder über meine Zeit bei den Rebellen der LRA gingen mir durch den Kopf.

Dann rannte ich los. Aus Furcht, dass mich die Rebellen verfolgten, versteckte ich mich in einem dichten Gebüsch in der Nähe des Weges. Nach kurzer Zeit waren Fußtritte von Gummistiefeln zu hören. Es waren zehn bewaffnete Rebellen. Sie marschierten in Richtung der Quelle des Flusses Aswa. Dann änderten sie plötzlich die Richtung und liefen wieder zurück, wohl um ihrem Kommandanten die erfolglose Suche nach mir zu melden.

Ich blieb bis am Abend in meinem Versteck und rannte dann in Richtung des Flusses. In der Nähe der Quelle war dichtes Gebüsch. An einem kleinen Hügel entdeckte ich eine Höhle. Dort verbrachte ich die erste Nacht.

Am nächsten Morgen suchte ich einen langen Ast, hängte mir meine Kalaschnikow über die Schulter und stieg vorsichtig in die Fluten des Flusses. Schritt für Schritt kämpfte ich mich mithilfe des langen Astes durch die starke Strömung und erreichte glücklich das gegenüberliegende Ufer. Dort angekommen rannte ich sofort los.

Ich lief eine Woche durch den Busch, ohne auch nur einem einzigen Menschen zu begegnen. Ich ernährte ich mich ausschließlich von wilden Früchten, die ich auf meinem Weg fand.

Nach einer Woche erreichte ich die Ortschaft Cweru in der Region Pader. Ich warf meine Maschinenpistole und Gummistiefel weg und zog die Uniform aus.

Einige Menschen arbeiteten dort auf ihren Feldern. Als sie mich bemerkten, rannten sie vor Angst davon. Ich rief ihnen hinterher und bat sie, doch nicht wegzulaufen. Ein Mann kehrte zurück und hörte sich die Geschichte meiner Entführung und der

Flucht von der LRA an. Ich fragte ihn nach dem Weg zu den nächsten Posten der UPDF. Er fuhr mich mit seinem Fahrrad zur nächsten Kaserne. Die Soldaten verhörten mich und ich musste ihnen zuerst genau die Stelle beschreiben, wo ich meine Waffe weggeworfen hatte.

Sie hielten mich vier Tage in der Kaserne in Cweru fest, dann brachten sie mich in die Kaserne nach Gulu.

Anschließend verbrachte ich über zwei Monate bei der World Vision Organisation in Gulu.

Später traf ich im Rachele Rehabilitation Centre in der Stadt Lira einige meiner ehemaligen Mitgefangenen wieder, bevor ich meinen glücklichen Eltern übergeben wurde.

Mit einer sehr guten Abschlussnote beendete ich die Grundschule. Nach Abschluss der Mittleren Reife besuche ich zurzeit die Senior School in der Stadt Gulu und hoffe, mit dem Abitur abschließen zu können.

Auch heute leide ich noch unter wirren Träumen, die mein Leben immer noch stark beeinflussen. Ich glaube oft, Stimmen zu hören, die mich ständig auffordern, wieder in den Busch zurückzukehren, um dort an der Seite der LRA weiter zu kämpfen. In anderen Träumen wiederholen sich immer wieder die schweren Bombardements der Hubschrauber der UPDF. Wenn ich aufwache und meine Augen öffne, sind alle Bilder wieder verschwunden.

Die Herausgeber

Michael Elsässer ist am 24. 6. 1958 in Stuttgart geboren und aufgewachsen. Er ist Vater von drei Kindern. Nach einer Ausbildung zum Industriekaufmann im Jahr 1976 erster Kontakt mit dem Kontinent Afrika durch einen längeren Aufenthalt in Ägypten. 1981 Abitur an der Hedwig-Dohm-Schule in Stuttgart, anschließend Zivildienst an der Staatsrat-von-Fetzer Klinik und Studium der Geografie, Geologie und Pedologie an der Universität Stuttgart und Hohenheim. Zahlreiche Reisen mit Schwerpunkt Ostafrika nach Uganda, Tansania, Kenia und Ruanda. Seit einigen Jahren begeisterter Fotograf mit zwei Einzelausstellungen "Mali - Land der Dogon" in Stuttgart und "Venice" in Winnenden zugunsten von aidskranken Menschen im Osten von Uganda. Er lebt heute weiterhin in Stuttgart und arbeitet als kaufmännischer Angestellter bei der IWV GmbH & Co. KG in Winnenden.

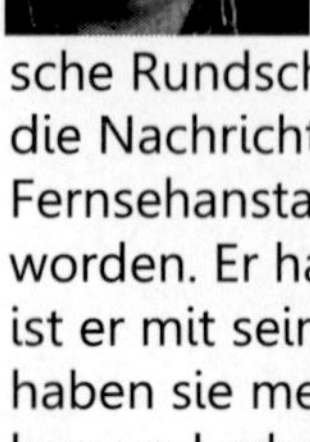

Der Autor Ulf G. Stuberger ist seit mehr als vierzig Jahren als Justizjournalist bei den Obersten Bundesgerichten und dem Generalbundesanwalt akkreditiert. Er hat für verschiedene Medien als Journalist gearbeitet, darunter Frankfurter Allgemeine Zeitung (FAZ), Tagesspiegel Berlin, Wiener Zeitung, Weser-Kurier, Westfälische Rundschau, Stuttgarter Nachrichten, stern, Der Spiegel, die Nachrichtenagentur Reuters, zahlreiche Rundfunk- und Fernsehanstalten. 24 Bücher sind bisher von ihm veröffentlicht worden. Er hat viele Jahre in Afrika gearbeitet und gelebt. 2003 ist er mit seiner Frau aus Namibia zurückgekehrt. Gemeinsam haben sie mehrere Bücher über dieses Land geschrieben, leben und arbeiten heute in der Umgebung von Karlsruhe.
www.stuberger.de

Danksagung

Mein außerordentlicher Dank gilt an erster Stelle allen Zeitzeugen, die mit ihren Worten in diesem Buch oft zum ersten Mal an die Öffentlichkeit gehen. Für dieses Vertrauen meinen tiefsten Respekt.
Mein ganz besonderer Dank gilt meinem Freund Reinhold Hörnle aus Ummendorf, der als Entwicklungshelfer in Uganda umfangreiche Arbeiten für das Buch vor Ort geleistet hat. Ohne seine großartige Unterstützung wäre das vorliegende Buch in dieser Form nicht erschienen. Für die Gestaltung des farbigen Bildteiles bedanke ich mich bei Herrn Björn Kremer aus Schwaikheim sowie bei Frau Martina Ueberschaar, Frau Kalliopi Paleopanidou und Daniel Marazidis aus Stuttgart für die Unterstützung bei den Übersetzungsarbeiten.
Für die kooperative Zusammenarbeit mit dem Vorstand des Vereins Tukolere Wamu e.V. möchte ich mich ebenfalls bedanken. Für Spenden steht Ihnen das nachfolgende Konto des Vereins gerne zur Verfügung:

Tukolere Wamu e.V.
Gemeinsam für eine Welt
Verein zur Förderung von Selbsthilfeinitiativen in Afrika
In der Etzmatt 14
79423 Heitersheim
www.tukolere-wamu.de
Spendenkonto: Stichwort: "Kindersoldaten"
Volksbank Herrenberg-Rottenburg
Bankleitzahl 603 913 10
Kontonummer 445 357 010

Meinen herzlichen Dank für Ihr Interesse und Ihre Unterstützung.

Michael Elsässer

SUMMERJAM
UNITING PEOPLE OF THE WORLD
TOGETHER AS ONE
KEEPING THE GOOD VIBES
LET THE SPIRIT RISE
STAND UP FOR LOVE
REGGAE * DANCEHALL * HIP HOP * WORLDBEAT
KÖLN - FÜHLINGER SEE
SUMMERJAM.DE

Tugende
Begegnungsreisen

Grenzen überwinden
Menschen begegnen

„Los geht's, gehen wir!" heißt Tugende in Luganda, einer der Sprachen Ugandas in Ostafrika. Bei unserer Reise begegnen wir dem Land mit seinen Menschen, seiner Tierwelt und wunderschönen Landschaften.
Seit 2004 betreuen wir Projektreisen nach Uganda, bis 2012 waren es schon 15 Reisen. Im Sommer 2010 wurde die Unternehmungsgesellschaft „Tugende Begegnungsreisen UG" gegründet.

Unzählige Gäste waren mit uns bereits unterwegs und hatten Gelegenheit, die Projekte von Tukolere Wamu e.V. und SALEM International GmbH kennen und schätzen zu lernen.

Unter den Gästen war im November 2010 auch Michael Elsässer aus Stuttgart, der Mitherausgeber des Buches „Ihr Lachen klingt wie Weinen", Kindersoldaten in Uganda.

Zitat Michael Elsässer:
„Absolut authentisches Afrika! Auf Grund der erfahrenen Reiseleitung immer ganz nah dran an den Menschen und doch immer abseits gewöhnlicher Pfade"

Tugende Begegnungsreisen UG bietet regelmäßig im Januar/Februar Projekt- und Begegnungsreisen nach Uganda mit unterschiedlichen Schwerpunkten an. Alle zwei Jahre werden Familienreisen im August organisiert. Je nach Interesse gibt es Sonderreisen z. B. für Lehrer, Fotografen, eine Tour zu den Karimajong etc. Gerne organisieren wir auch Ihre Reise nach ganz persönlichen Interessen.
Seit 2010 gibt es neue Länderschwerpunkte, bereits im Programm sind Kamerun und Ecuador, in Planung sind Togo und der Senegal.
Aktuelle Infos gibt es stets auf :

www.tugende.org

GmbH & Co. KG

Karl-Krämer-Str. 15
71364 Winnenden

Tel.	07195 / 95993 - 0
Fax	07195 / 179864
eMail	info@iwv-ag.de
Internet	www.iwv-ag.de

INTERESSENVEREINIGUNG
DEUTSCHER INTERNET-MAKLER

Idima GmbH und Co. KG

Schüttelgrabenring 3 Haus 2
71332 Waiblingen

Tel.	07151 / 50023 - 0
Fax	07151 / 50023 - 33
eMail	info@idima-online.de
Internet	www.idima-online.de